A ARTE DE SE REINVENTAR

Jacqueline Taumaturgo

A ARTE DE SE REINVENTAR

Dê um novo significado à sua vida

Vida

Vida

Editora Vida
Rua Conde de Sarzedas, 246 – Liberdade
CEP 01512-070 – São Paulo, SP
Tel.: 0 xx 11 2618 7000
atendimento@editoravida.com.br
www.editoravida.com.br

©2020, Jacqueline Taumaturgo

∎

Todos os direitos desta obra reservados por Editora Vida.
Proibida a reprodução por quaisquer meios, salvo em breves citações, com indicação da fonte.

Todos os grifos são do autor.
Os grifos na versão *A Mensagem*, quando não indicados de outra forma, são do original.

∎

Scripture quotations taken from Bíblia Sagrada, Nova Versão Internacional, NVI ®.
Copyright © 1993, 2000, 2011 Biblica Inc.
Used by permission.
All rights reserved worldwide.
Edição publicada por Editora Vida, salvo indicação em contrário.

Editor responsável: Gisele Romão da Cruz
Preparação: Sônia Freire Lula Almeida
Revisão de provas: Josemar de Souza Pinto
Projeto gráfico e diagramação: Claudia Fatel Lino
Capa: Arte Vida

Todas as citações bíblicas e de terceiros foram adaptadas segundo o Acordo Ortográfico da Língua Portuguesa, assinado em 1990, em vigor desde janeiro de 2009.

1. edição: out. 2020

Dados Internacionais de Catalogação na Publicação (CIP)
(Câmara Brasileira do Livro, SP, Brasil)

Taumaturgo, Jacqueline
   A arte de se reinventar : dê um novo significado à sua vida / Jacqueline Taumaturgo. -- São Paulo : Editora Vida, 2020.

   ISBN 978-65-5584-012-4

   1. Dor 2. Histórias de vida 3. Relatos pessoais 4. Superação 5. Taumaturgo, Jacqueline I. Título.

20-43109   CDD-248.2

Índices para catálogo sistemático:
1. Superação : Histórias de vida : Vida cristã 248.2
Cibele Maria Dias - Bibliotecária - CRB-8/9427

Sumário

Prefácio — T̲a̲l̲i̲t̲h̲a̲ P̲e̲r̲e̲i̲r̲a̲ 7

Parte 1: A dor e a impossibilidade
— as amigas de jornada
1. O sentido da dor 11
2. Há uma porta alternativa diante das impossibilidades 27

Parte 2: A morte e a vida
— Deus sempre será Deus
3. Às vezes, vencer é simplesmente desistir 45
4. O que nos espera 57

Parte 3: O pecado e o passado
— os vilões para o novo significado
5. Flores para você 73
6. Modo "estátua" desativado 87

Parte 4: Lentes distorcidas
7. Mudando a visão 103
8. A miopia da alma 113
9. O coração hipermetrope 119

Parte 5: Tempestades
— espere para subir de nível
10. A escolha de entrar na arca 127
11. É necessário sair da arca 133
12. Sempre haverá um arco-íris esperando por você 137

Parte 6: A arte de se reinventar
13. A arte 143
14. Vivendo a reinvenção 147

Prefácio

"Você vai dar conta!" Essa frase que cunhei e ganhou notoriedade quando dei meu testemunho completo, é completamente real.

Em *A arte de se reinventar*, Jacqueline Taumaturgo nos mostra que é possível "dar conta", é possível transformar a dor em vitória, é possível se reinventar e encontrar portas abertas em lugares que você não imaginaria. Na sua vida não será diferente, você também vai dar conta!

Você vai dar conta de superar a dor, de perdoar o que considerava imperdoável, de encontrar saídas (e entradas) em lugares nos quais parecia não haver sequer uma janela, quanto mais uma porta! Um dia de cada vez, um passo de cada vez, a sua dor e os seus maiores temores também podem ser transformados em bem por Aquele que cuida de cada um de nós.

Com muita sabedoria, a pastora e oftalmologista Jacqueline faz uma analogia das doenças que acometem os nossos olhos físicos com como os nossos olhos espirituais também podem ser tomados por doenças que nos impedem de enxergar com perfeição.

Além disso, ela nos apresenta uma visão da arca de Noé, que foi um meio de salvação, mas não foi construída para ser o nosso lugar de morada. É preciso sair da arca em segurança e viver o futuro sem temor!

Ao terminar o livro de forma muito prática, Jacqueline também nos dá orientações para o dia a dia. Dessa forma, poderemos escolher e viver melhor e nos reinventarmos para o novo que Deus tem preparado.

Junte-se a mim! Leia *A arte de se reinventar* e dê conta do seu passado, para viver o melhor com Deus no seu futuro!

Talitha Pereira,
Palestrante renomada, autora *best-seller* de
Deixe-me apresentar você e pastora da Igreja do Amor.

Parte 1

A dor e a impossibilidade — as amigas de jornada

Capítulo 1

O SENTIDO DA DOR

Antes, porém, de falar sobre a dor, quero compartilhar com o leitor a ideia que subjaz a este texto.

Durante anos na minha vida, tenho experimentado o processo de dar um novo significado a algo que já tenha um significado para mim. Ou seja, dar um novo sentido a coisas, pessoas, sentimentos, experiências vividas, tempos e estações da nossa vida. Atribuir um novo significado a algo vivido é mudar começando de dentro para fora e olhar para dentro de si mesmo com o intuito de refazer, ou criar novamente, algo que depois se expressa no âmbito externo. É manifestar uma nova versão da própria pessoa, antes oculta ou desconhecida. Nesse sentido, é ser outra pessoa.

Nesse processo, é preciso reformular conceitos, excluir preconceitos e julgamentos e se reinventar!

Caro leitor, eu o convido a participar do processo de se abrir a novas oportunidades e descobertas para que possa viver plenamente. Foi o que aconteceu comigo e é o que desejo que aconteça com você.

Então, vamos lá! E sobre a dor?

Parece estranho começar um livro falando sobre a dor. Gostaria de deixar claro que jamais poderemos compreender o processo de dar um novo significado às circunstâncias difíceis da vida ou aos momentos dolorosos já vividos se não entendermos o processo da dor.

Existe sentido para a dor? Será que existe o lado bom do sofrimento? Pode haver um propósito bom? É possível sofrer, chorar, ter o coração quebrado e, ao final, compreender que a dor trouxe algo bom? Que ela faz parte da vida, mas que tem um propósito a cumprir em relação à transformação de quem somos?

No decorrer dos capítulos deste livro, compartilharei algumas experiências da minha vida que, acredito, farão sentido para você. Eu me sinto à vontade para falar da dor, pois tenho conhecimento sobre o assunto, embora o meu objetivo final seja compreender o propósito maior dela na nossa vida, caso venhamos a permitir.

> Podemos não escolher a dor, mas o sentido dela na nossa vida é uma questão de escolha.

A DOR EM SI

A dor é algo que faz parte da vida; no meu caso, na teoria e na prática. Como médica, vi todo tipo de dor durante a minha formação acadêmica. Casos graves, leves, dores fortes ou moderadas, dores que iam e vinham, com falsas curas e recaídas. Vi pacientes que desenvolviam mecanismos compensatórios e outros que criavam gatilhos que exacerbavam a dor, de forma consciente ou inconsciente.

Essas situações foram de grande aprendizado para a minha trajetória como profissional da saúde. Aprendi algo básico na medicina: a dor ensina! Ela ensina ao doente e aos que estão ao redor dele.

Por meio da vivência com os episódios de dor, aprendemos a ser pacientes que precisam de cura, a ser médicos que levarão a cura ao paciente e a ser coadjuvantes do processo, ou seja, todos aqueles que estão aprendendo ao redor do indivíduo que sofre a dor.

Nesse momento, falo especificamente sobre a dor física, como entidade nosológica, que, em medicina, significa uma condição ou doença distinta.

A dor faz parte da vida do ser humano, pois funciona como um sistema de alarme do corpo. Trata-se de um aviso. A dor chama a atenção para o fato de que algo está nos ferindo e que algo não está bem.

A dor nos impele a solicitar ajuda quando estamos precisando; ela nos força a buscar por socorro, bem como é indispensável para que se obtenha um diagnóstico preciso. As doenças silenciosas, sem dor, causam, muitas vezes, danos irreparáveis, pois, quando percebidas, pode ser tarde demais na maioria das vezes.

A dor imobiliza quando se está com algum tipo de machucado, a ponto de poder paralisar uma pessoa, mas seu maior benefício é permitir que o doente solicite ajuda. Por isso, é preciso buscar ajuda para obter a cura, para voltar a ter movimento.

Quem de nós já não sentiu dor? Quem não precisou tomar remédio para que a dor parasse, ou, com base nela, teve um diagnóstico acertado que permitiu uma atitude médica mais complexa e necessária, como procedimentos intervencionistas ou cirurgias para tratar a causa? Você consegue se lembrar de algum fato que envolveu você ou alguém muito próximo? Nessa situação, você era o paciente, o coadjuvante ou o médico? Você consegue lembrar quais lições aprendeu em cada uma das situações?

Sempre fui muito precoce; quando eu tinha 15 anos de idade, estava me preparando para fazer o vestibular para medicina. Os meus pais estavam viajando naquele dia, e eu senti uma dor na altura do estômago, de forma contínua. Depois de um dia, a dor migrou para a parte inferior direita da barriga, e eu fiquei com falta de apetite. A barriga doía quando eu a apertava no local da dor; doía ainda mais quando eu a soltava bruscamente. Além disso, lembro-me muito da posição da minha perna direita encolhida, já que, ao esticá-la, a dor aumentava.

A minha cunhada me levou a um hospital público onde trabalhava, uma vez que naquela época quase não existiam planos de saúde, nem eu tinha dinheiro para realizar um tratamento cirúrgico de forma particular. Aliás, nem existia celular, motivo pelo qual os meus pais souberam da minha situação quando eu já estava operada, pois fui diagnosticada com apendicite aguda e precisei realizar uma cirurgia para a retirada do apêndice inflamado, a fim de obter a cura.

Na faculdade de medicina, muito depois, aprendi sobre urgências cirúrgicas, mas, antes disso, ao deparar com o primeiro paciente com apendicite durante a faculdade, fiz um diagnóstico rápido, preciso e indiscutível porque eu simplesmente conhecia aquela dor. De paciente que havia vivido aquela situação, passei a ser, então, a pessoa que daria o diagnóstico assertivo àquele paciente, mesmo sem ter tanta vivência na medicina, apenas pelo fato de ter experimentado a mesma dor.

Eu tinha uma vida muito corrida e também não gostava de atividade física; por isso, era muito sedentária. Há dois anos, tive

A dor pode ser um instrumento valioso para o diagnóstico de uma alteração do corpo; no entanto, é uma ferramenta precisa para a aprendizagem de todos os que estão envolvidos em um processo de dor. uma professora maravilhosa de pilates, que sempre me impulsionava a realizar esforços maiores dos que eu já estava condicionada a fazer. Aliás, nessa época, os meus músculos eram completamente atrofiados; somente o meu cérebro e o meu percentual de gordura do corpo tinham se desenvolvido suficientemente.

Um dia depois da aula, ela sempre me perguntava se eu tinha sentido dor. Obviamente, eu lhe dizia que aquilo não era uma pergunta a ser feita depois de ter esticado todos os músculos do meu corpo. Muito carinhosamente, ela respondia: "Essa é uma dor boa".

Sentimos esse tipo de dor quando esticamos os músculos do corpo, processo esse que, depois de repetições e rotina, deixa de causar sensibilidade, visto que os músculos se fortalecem. Hoje eu pratico exercícios, faço longas caminhadas, corridas, ando de bicicleta e faço musculação. Os meus músculos estão mais fortalecidos, com certeza, mas sempre que uso um peso maior na musculação, ou me ausento da atividade física por alguns dias, a dor pode ser sentida outra vez, mas essa é a dor boa, passageira, que só fortalece o meu corpo físico. Uma dor saudável, cujo objetivo é me fortalecer.

Gosto de definir a dor com um conceito bem elaborado, claro e didático. Nas minhas pesquisas, porém, observei que a própria literatura médica não conseguiu essa proeza. Existem alguns conceitos de dor na literatura, mas nenhum deles conseguiu defini-la em todos os seus aspectos, dada a complexidade e diversidade do tema.

A percepção da dor é algo pessoal e íntimo. Esta pode variar de acordo com a pessoa, a cultura e o estado emocional. São muitas as variáveis que ultrapassam muito a nossa compreensão. A dor de um indivíduo pode diferenciar-se da dor de outro em intensidade, duração, origem, resistência ao tratamento, latência, experiências anteriores, autocontrole etc. Portanto, é impossível conhecer a dor do outro com exatidão. No entanto, a dor de cada pessoa é própria dela e pode ser mensurada com base nas características pessoais de cada indivíduo. Sempre estará relacionada com quem somos, com o que vemos e com o que sentimos.

Cada pessoa tem um limiar de dor, e, por sua vez, a dor possui várias intensidades que são definidas pelo indivíduo que a sente. Pode ser leve, moderada, forte, intensa ou dilacerante. Essas características também dependem do próprio indivíduo e de suas experiências com a vida. Podemos dizer, assim, que a dor é intrínseca a cada ser.

Do ponto de vista do aspecto tempo, a dor pode ser aguda, ou seja, aquela que surge de repente, sem esperar e que, às vezes, assola a nossa vida ou se cura completamente. Pode também se tornar crônica: aquela dor com a qual aprendemos a viver; esse é o tipo de dor que chega e passa a fazer parte da nossa vida. Por causa dela aprendemos a tomar paliativos, mas sua origem está ali; podemos chegar ao ponto de nos utilizarmos dela para obter benefícios com os coadjuvantes do processo.

Eu participava em uma palestra de saúde mental quando, em meio aos palestrantes, um psiquiatra, que tratava sobre suicídio, falou algo que chamou a minha atenção. Ele se referiu a um documentário relacionado ao famoso e trágico Onze de Setembro, episódio em que o World Trade Center, em Nova York, foi atingido por aviões terroristas matando quase 3 mil pessoas e deixando mais de 6 mil feridos.

Segundo ele, a maior parte das pessoas que cometem suicídio o faz por uma dor emocional, ou dor na alma. Essas pessoas atuam no intuito de aliviar a dor, não de morrer propriamente. No entanto, as pessoas que pularam das Torres Gêmeas naquele dia cometeram esse ato, que aparentemente parece insano, pela tamanha dor física que sentiam. As elevadas temperaturas no interior do prédio em chamas faziam que o corpo delas literalmente derretesse, ao vivo e em cores, sem chance de alívio para tal dor.

Essas vítimas não tinham uma rota de fuga segura; por causa disso, pulavam em direção à morte!

Há aqui um paralelo com a dor na alma. Muitas vezes, vivemos experiências que nos encurralam a tal ponto que sentimos elevadas temperaturas na nossa alma. A nossa mente, os nossos sentimentos e as nossas emoções estão fervendo a ponto de nos fazer derreter. Desse modo, somos capazes de pular em direção à morte, tomando decisões das quais nos arrependeremos posteriormente, porque essas decisões acabam sendo um tipo de suicídio.

> Nos seus momentos de dor, quando não encontrar uma rota segura, não pule em direção à morte, busque outra saída.

Só existe uma rota segura a ser seguida: Jesus!

O fato é que sempre existirá um paralelo entre essas esferas. A dor na alma, resultante de situações adversas da nossa vida, pode chegar a causar dores físicas, as já conhecidas doenças psicossomáticas, ou, então, fazer que cheguemos a momentos nos quais nos sentiremos encurralados, quando, então, será necessário tomar decisões que podem nos levar por caminhos seguros ou por precipícios que beiram à morte. Morte de sonhos, morte de propósito, morte de projetos, morte de relacionamentos... Ausência de vida!

Podemos viver como zumbis ambulantes pelo fato de não administrarmos os processos dolorosos pelos quais passamos, ou por não desfrutarmos o melhor de Deus para a nossa vida. Em ambos os casos, sofreremos as consequências advindas de tais situações.

O livro de Jeremias retrata esse estado e momento da vida: "Ah minha angústia, minha angústia! Eu me contorço de dor. Ó paredes do meu coração! O meu coração dispara dentro de mim" (Jeremias 4.19a).

Você tem alguma dor forte na alma que apareceu de forma abrupta e aguda, para a qual, por vezes, tem tomado paliativos em vez de receber a cura completa, tornando-a uma dor crônica? Com qual dor você tem convivido no seu íntimo e tem escondido das pessoas? De que dor você não consegue fugir quando está sozinho porque ela se encontra exatamente com quem você é? Qual paliativo você está tomando para mascarar os sintomas da sua dor, quando esta deveria ser exposta para você ser curado? Que tipo de dor tem imobilizado você a ponto de não buscar ajuda?

> Existem situações na vida em que a alma dói tanto que parece ser uma dor física. Situações essas que podem roubar o nosso senso de sanidade a ponto de escolhermos rotas erradas e tomarmos decisões que definitivamente poderiam nos destruir.

Por meio do paralelo entre dor física e dor na alma, ou seja, nas emoções, vemos que muito do que caracterizamos como sentimento de dor é apenas o desconforto por sermos emocionalmente distendidos para nos tornarmos mais fortes e mais experientes. Assim como saí do sedentarismo para experimentar uma vida saudável com a prática de exercícios, a saída da zona de conforto em determinadas áreas da vida nos estica e traz esse senso de sofrimento, quando, na verdade, trata-se apenas de treinamento e aprendizagem para sermos pessoas melhores.

O LADO BOM DA DOR

Não quero fazer aqui apologia a qualquer tipo de dor ou sofrimento. Ninguém gosta de sentir dor. Há coisas que doem e simplesmente doem, sem que haja outra opção, nem escolhas. Assim como disse o salmista: "Grande é a minha aflição e a minha dor! Proteja-me, ó Deus, a tua salvação!" (Salmos 69.29).

Por mais dolorosas que sejam as situações difíceis pelas quais podemos passar, tanto físicas quanto emocionais, podemos extrair dessas situações excelentes oportunidades para darmos um novo significado à nossa forma de viver.

Vejamos, então, o que existe de bom no processo de vivenciar a dor.

1. A possibilidade do diagnóstico e da cura

Tal como a dor no corpo, a dor emocional indica que há algo de errado conosco, ou que não vai bem. Quando isso acontece, é certo que precisamos urgentemente que se faça um diagnóstico para poder definir a origem da dor. O diagnóstico é necessário. Há algo que precisa ser tratado em nós; somos os pacientes necessitando de tratamento, de cura.

> Para que o diagnóstico seja correto, precisamos abrir o coração e expor a dor; somente a partir daí é que seremos capazes de receber a cura da alma.

"Por isso não me calo; na aflição do meu espírito me desabafarei, na amargura da minha alma farei as minhas queixas." (Jó 7.11)

Viver com uma dor sem expô-la é como cortar as asas de um pássaro: ele nunca vai poder voar. É exatamente o que a dor latente faz com as pessoas, porque a falta de cura as leva a se esquecer do propósito para o qual foram criadas.

No processo de dor, sempre existirão os coadjuvantes ao nosso redor, ou seja, as pessoas que nos observam e que convivem conosco e com as quais enfrentaremos esse processo. Família, amigos íntimos, irmãos em Cristo.

Além dos coadjuvantes, precisaremos de alguém que nos trate! Pode ser o caso de obter auxílio de profissionais da área da saúde. Há determinadas situações em que esse cuidado é preciso, natural, necessário, mas também posso assegurar a você que podemos contar com o Espírito Santo de Deus, que sonda o nosso interior.

SENHOR, tu me sondas e me conheces.
Sabes quando me sento e quando me levanto;
de longe percebes os meus pensamentos.
Sabes muito bem quando trabalho
e quando descanso;
todos os meus caminhos
são bem conhecidos por ti.
Antes mesmo que a palavra
me chegue à língua,
tu já a conheces inteiramente, SENHOR.
Tu me cercas, por trás e pela frente,
e pões a tua mão sobre mim.
Tal conhecimento é maravilhoso demais
e está além do meu alcance;
é tão elevado que não o posso atingir.
Para onde poderia eu escapar do teu Espírito?
Para onde poderia fugir da tua presença?
Se eu subir aos céus, lá estás;
se eu fizer a minha cama na sepultura,
também lá estás.
Se eu subir com as asas da alvorada
e morar na extremidade do mar,

mesmo ali a tua mão direita me guiará
e me susterá. (Salmos 139.1-10)

Mas tu enxergas o sofrimento e a dor; observa-os para
tomá-los em tuas mãos. (Salmos 10.14a)

O Espírito sonda todas as coisas, até mesmo as coisas mais
profundas de Deus. (1Coríntios 2.10)

Nas dores da nossa vida, não podemos ser míopes. É preciso ver além, pois sempre há coisas boas. É imprescindível ver a Deus no processo, porque, se tudo o que vemos é somente o sofrimento, então não conseguiremos senti-lo ao nosso lado.

Veja a ação do Espírito Santo como uma sonda utilizada na área médica, que tem dois usos antagônicos e importantes. A sonda é usada para extrair do nosso corpo o que é prejudicial, ou o que causa dano, como líquidos acumulados no organismo, ao mesmo tempo que também por ela pode ser introduzido em nós o que é necessário e essencial para a saúde física, por exemplo, a alimentação enteral, quando estamos impossibilitados de comer por via oral.

O Espírito Santo age em nós como uma sonda. Ele é capaz de retirar de nós aquilo que precisa ser extraído, removendo do nosso interior o que nos machuca e faz mal para a alma, além de introduzir em nós o que precisamos para enfrentar cada processo da nossa vida.

A verdade é que toda e qualquer situação adversa produzirá um significado maior na nossa vida. Algo acontece conosco depois que experimentamos qualquer tipo de dor na alma. A melhor atitude que você pode ter nesse caso é abrir-se para a ação do Espírito Santo, deixá-lo entrar e permitir que ele visite o seu interior para revelar o que você precisa saber. Afinal, ele já sabe; nós é que precisamos ter a revelação do que sentimos e temos guardado, a fim de receber a cura, que também vem dele.

Fale com Deus sobre suas as angústias. Derrame o seu coração diante dele. Ele quer ouvir o seu clamor. Eu tenho certeza de que algo bom acontecerá em você! O Médico dos médicos cuidará da sua alma e das suas emoções, trazendo cura para a sua dor.

> Damos um novo significado à nossa vida quando mudamos de direção e expomos a nossa dor a fim de receber o diagnóstico e a cura de que tanto precisamos.

2. A oportunidade da aprendizagem

Mencionamos anteriormente que por meio da dor somos capazes de aprender ensinamentos precisos e assertivos para a nossa caminhada. Por causa da minha profissão, aprendi pessoalmente com a dor, mas também aprendi com as minhas dores pessoais, e elas foram um marco para mim.

A busca de aprendizagem também pode ocorrer com a ajuda do Espírito Santo que habita em nós. Ele é a pessoa que tem a capacidade de examinar a nossa vida e nos mostrar a raiz dos

> Embora a aprendizagem com o processo de dor seja uma escolha, a riqueza dela é capaz de nos transformar para sempre.

nossos sentimentos, instruindo-nos como seguir a caminhada. É ele quem nos convence das nossas fraquezas e não deixa de nos ensinar.

Com o Espírito Santo, aprendemos sobre as nossas motivações mais profundas, sobre as nossas frustrações, sobre as nossas falhas, sobre os nossos sentimentos, sobre a confusão que, muitas vezes, domina a nossa mente e sobre o que devemos fazer com tudo isso.

> "Mas o Conselheiro, o Espírito Santo, que o Pai enviará em meu nome, ensinará a vocês todas as coisas e fará vocês lembrarem tudo o que eu disse." (João 14.26)

O Espírito Santo também nos ensina por meio da dor. Portanto, dar um novo significado para a vida através da dor é ter a sabedoria de extrair dela todo o aprendizado disponível. É ser aprovado pela aprendizagem, nunca pela compreensão, porque, muitas vezes, não compreenderemos as situações, mas seremos capazes de aprender lições que nos prepararão para alcançar outro nível na trajetória.

Tentar entender o mundo e o cenário de dor que deparamos ao nosso redor é como tentar ver uma imagem incompleta, ou um quebra-cabeça cujas peças ainda não foram encaixadas. Da mesma forma, tentar atravessar o que há de mais íntimo na nossa dor, o nosso âmago, nunca fará sentido para nós mesmos, somente o Criador poderá nos ajudar nesse processo.

Com a perspectiva em Deus e conhecendo o amor dele, saberemos que ele está a todo tempo trabalhando em nosso favor, mesmo sem compreendermos.

O fato é que nos tornamos pessoas melhores e mais fortes quando somos capazes de extrair lições das situações adversas da nossa vida, ou no processo de dor. O aprendizado ocorrerá tanto com você quanto com as pessoas que lhe dão apoio, ou coadjuvantes.

Como disse Augusto Cury: "As dores que vivenciam destroem algumas mulheres, mas as inteligentes crescem com elas".[1] Seja uma gigante!

3. A capacitação para a solidariedade

A percepção da dor depende de muitas variáveis, o que significa dizer que nunca poderemos mensurar a dor do outro, pois

---
[1] CURY, Augusto. **Mulheres inteligentes, relações saudáveis.**

a sensação de dor de cada pessoa é própria dela mesma. O que parece simples para mim pode ser muito forte para outrem, tendo em vista as peculiaridades, a história, as emoções e o momento dessa pessoa.

Isso acontece quando você deixa de fazer o papel do paciente e passa a ter o papel do médico, que ajuda a curar a dor dos demais, a fim de que estes também cresçam com as situações. Trata-se da habilidade de lidar, sem julgamento, com o sofrimento e com as fraquezas do outro, sendo instrumento de cura.

> Dar um novo significado à vida é utilizar as dores próprias de uma pessoa para trazer alívio a terceiros. Em outras palavras, é mudar de posição.

> Nós, que somos fortes, devemos suportar as fraquezas dos fracos, e não agradar a nós mesmos. Cada um de nós deve agradar ao seu próximo para o bem dele, a fim de edificá-lo. (Romanos 15.1,2)

Quando compreendemos a força que adquirimos após processos dolorosos, tornamo-nos pessoas mais misericordiosas e amorosas. Compreendemos mais, amamos mais, servimos mais, julgamos menos, condenamos menos e, assim, estamos aptos a ajudar mais as pessoas. Isso se dá pelo fato de que o processo de dor vivido nos leva a valorizar a dor e o momento que o outro está vivendo. É como se uma chave dentro de nós mudasse de posição e passássemos a entender que qualquer coisa pode acontecer com qualquer um de nós. Assim, olhamos o outro e seu momento de outra perspectiva.

> Cada processo de dor em que somos aprovados nos torna seres mais humanos, mais gente, menos heróis ou superpoderosos, e nos habilita a ser suporte para outros.

Isso é dar um novo significado à dor.

4. A maturidade para sair da zona de conforto

Vimos como as dores musculares causadas pelo exercício físico não sinalizam uma doença; pelo contrário, trata-se de um desconforto que precisa ser traduzido por "dor boa". Ser distendido por qualquer processo na vida gera desconforto; nesses casos, não obrigatoriamente será necessária uma cura, mas, sim, a compreensão de que se trata de uma oportunidade para crescimento e fortalecimento.

Há um exemplo bem prático sobre isso. Quando uma criança entra na fase da adolescência, as articulações do seu corpo começam a ser esticadas de tal forma que causam dor óssea. **Simples! Para crescer, é preciso esticar-se, e isso gera uma falsa sensação de dor.**

Entender que tanto a dor muscular após o período de treino quanto a dor do crescimento ósseo do adolescente são oportunidades para crescimento e fortalecimento do corpo é comparável ao crescimento forçado pelas dificuldades da vida e à consequente maturidade de entender que vale a pena sair da zona de conforto, principalmente de forma voluntária, como no caso do exercício, para encarar "desconfortos necessários" que nos fazem dar um novo significado a qualquer desafio que enfrentemos.

O ALÍVIO

Finalmente, acredito que todo e qualquer sofrimento, ou dor, seja ela qual for, bem como qualquer situação difícil, têm o propósito de nos fazer pessoas melhores, capazes de amar e compreender os outros, de julgar menos a atitude alheia, de ser mais humildes e menos religiosos, tornando-nos pessoas mais parecidas com Jesus. Isso é possível por meio de um relacionamento com ele, do conhecimento de sua Palavra e da ação do Espírito Santo em nós.

De fato, vocês se tornaram nossos imitadores e do Senhor, pois, apesar de muito sofrimento, receberam a palavra com alegria que vem do Espírito Santo. (1 Tessalonicenses 1.6)

O alívio vai chegar... É uma questão de tempo!

Para nós, há uma esperança de que um dia estaremos livres de toda e qualquer dor, seja qual for a circunstância e intensidade, durante o tempo que seja de convivência com o sofrimento, de quantos sejam os processos dolorosos pelos quais teremos que passar ou de quantos tipos de tentativa de tratamento, pois temos esta promessa:

"Ele enxugará dos seus olhos toda lágrima. Não haverá mais morte, nem tristeza, nem choro, nem dor, pois a antiga ordem já passou" (Apocalipse 21.4).

Creia nisso!

Capítulo 2

HÁ UMA PORTA ALTERNATIVA DIANTE DAS IMPOSSIBILIDADES

No início de 2019, eu participava de um congresso em São Paulo. Em uma das palestras, ouvi um médico renomado no Brasil, que contou um episódio muito interessante que me fez lembrar de situações vividas e refletir a respeito da história que ele havia contado. Após esse período de reflexão, tomei caneta e papel e anotei as lições que a vida me havia ensinado sobre o tema.

Não sei dizer se a história era verdadeira ou fictícia. O fato é que o relato pode ser útil à vida de cada um de nós, se aplicado à nossa própria história.

O médico contou que um homem havia parado o carro em uma vaga de estacionamento de um *shopping*. Ao voltar, encontrou outro carro estacionado ao lado do seu, mas esse segundo carro havia sido estacionado tão próximo ao seu que parecia encurralá-lo. Não havia espaço para o homem entrar pela porta do motorista, mesmo que se espremesse o máximo possível. O homem ficou tão irado e aborrecido que xingou a pessoa que havia feito isso e, de fato, não conseguiu sair do local até que a pessoa voltasse para retirar o carro dela.

Na verdade, ele se esqueceu de que poderia entrar pela porta do passageiro. Focou tanto a impossibilidade que não pensou em uma alternativa. Ele se sentiu apertado e se espremeu, mas não conseguiu entrar no carro, embora existisse uma porta alternativa. Ela estava ali.

Foi uma questão de escolha focar a impossibilidade, limitar seu dia e não pensar com clareza diante das dificuldades que se apresentaram.

Essa história parece simples, mas todos passamos por impossibilidades na vida. Em algum momento, depararemos com coisas impossíveis, inatingíveis ou inalcançáveis.

> Diante das suas impossibilidades, use a porta alternativa!

Nesses momentos, nos sentiremos espremidos e sufocados, como se não existisse uma porta. Talvez essas impossibilidades sejam relacionamentos fragmentados, questões de saúde, situações financeiras, sonhos, desejos pessoais, projetos etc. Sempre existirão situações nas quais os nossos desejos não poderão ser supridos, ou quando os nossos sonhos parecerão equivocados, ou quando as nossas expectativas serão frustradas. A verdade é que a impossibilidade é o que existe de mais palpável simplesmente porque é algo que faz parte da vida real! Não somos personagens de contos de fadas cujos finais são perfeitamente felizes, com fadas madrinhas e varinhas mágicas.

Aprender a conviver com as impossibilidades e decidir torná-las um meio para ver "outras portas" faz toda a diferença. Se o meu foco estiver nas minhas impossibilidades, estas poderão parecer maiores do que realmente são, e, assim, não serei capaz de ver uma alternativa. A única coisa visível para mim serão as impossibilidades.

PORTAS INACESSÍVEIS

Era o ano de 1996. Estava casada havia dois anos e iniciava residência médica em oftalmologia. Eu tinha muitos sonhos naquela época, completamente diferentes dos sonhos atuais. Não apenas os meus sonhos eram diferentes, como eu mesma. Achava que vivia o melhor tempo da minha vida. Acabara de terminar a faculdade de medicina, depois de longos anos de dedicação ao estudo, e tinha tantos projetos em mente. Finalmente começaria a ganhar dinheiro, pensava. Seria a conquista financeira, a montagem do consultório, a compra do imóvel desejado, a oportunidade de fazer viagens, a construção de uma linda família, filhos...

Como eu queria ser mãe! Queria gerar filhos no meu ventre. A maternidade era algo que fazia parte do meu projeto de vida desde os anos da adolescência: "Serei médica, vou me casar até os 23 anos de idade (dizia até a idade...) com um homem da igreja e, depois de dois anos de casada, já estarei grávida!". Desde sempre sonhava em me casar cedo e, principalmente, ser mãe bem jovem. Eu queria ter uma grande família, tal como a minha família com os meus pais e irmãos. Gostava daquele movimento de casa cheia, de família grande, de barulho na casa.

Médica eu fui. Casar-me cedo foi possível. Para isso, sempre busquei olhar para algum rapaz da igreja que tivesse propósito com Deus.

Escolhi um homem de Deus que servia no louvor da igreja e amava a casa de Senhor. Tinha exatamente 23 anos de idade quando subi ao altar com o meu marido, Pedro Mauro. Juntos, já completamos vinte e seis anos de casados. No entanto, eu desconhecia quantos desafios teria de enfrentar pela frente nessa trajetória chamada casamento e nos projetos que, juntos, tínhamos arquitetado.

Foi nesse contexto, em meio a todos os sonhos de uma médica recém-formada e de uma menina mulher com pouco tempo de casada, que, após os dois anos em que pretendíamos ter filhos, recebi o diagnóstico médico (que eu mesma fui a primeira a dar), confirmado por exames de imagem e cirurgia de laparoscopia diagnóstica, que mudou completamente a minha vida.

Os meus grandes desafios de impossibilidades se iniciaram. A infertilidade bateu à minha porta e aí ficou... Eu não tinha muitas possibilidades de engravidar porque tinha uma doença até hoje desafiadora, chamada endometriose.

Lembro-me exatamente do dia em que tive o diagnóstico confirmado por uma cirurgia. Volto no tempo e penso quanto o meu coração ficou sem esperança naquele período. Só uma mulher que passa por esse tipo de situação tem noção do que isso representa!

A endometriose é uma doença ainda muito misteriosa e pode causar dores durante toda a vida fértil de uma mulher, dores que podem se tornar fortíssimas e insuportáveis. A patologia, que mexe com o corpo da mulher e com suas emoções, apesar de estudada, ainda possui muitas incógnitas envolvidas, mas traz com ela uma certeza: muitos inconvenientes e conflitos para quem a desenvolve.

Além de ser uma das maiores causas de infertilidade da mulher moderna, a maior dor que ela causa, além das dores abdominais que se repetem ao longo do ciclo mensal normal de uma mulher, que passa por ovulação-menstruação, é a dor emocional.

A impossibilidade de conceber um filho nos leva a ter a ideia de mutilação, por não sermos capazes de reproduzir aquilo para o qual também fomos criadas. *Você é infértil! Você não terá descendentes, não terá companhia na velhice. Não terá a alegria de ver uma criança dentro da sua casa e de deixar um legado.*

"Não terei uma família grande, esse deserto que a minha casa representa não terá fim. Não posso ter filhos."

Teve início, então, uma longa trajetória de exames e tratamentos na minha jornada como mulher e dentro do meu relacionamento com o meu marido. Como os médicos diziam, "a infertilidade é um problema do casal". Idas e vindas a consultórios médicos, exames diagnósticos e procedimentos para a possibilidade de engravidar se seguiram durante longo tempo.

Durante esse período, tantas incertezas, tanto investimento financeiro, tantas tentativas e negativas acompanharam o meu dia a dia. Tantas perguntas a Deus. Tantas orações. Tantos exercícios de fé. Tantas campanhas de oração que pareciam querer barganhar algo com Deus. Tantos sentimentos de culpa. Tantas lágrimas. Tantos "Dias das Mães" nublados. Era como se tudo isso fosse um enfático "não" da parte de Deus.

O que eu fiz mesmo? Por que estou passando por isso? Deus parecia simplesmente estar em silêncio... Um silêncio que parecia não fazer sentido, em oposição ao lembrete mensal de que a tão desejada gravidez não havia chegado. Enquanto havia silêncio da parte de Deus, parecia que o lembrete físico gritava mensalmente: você nunca ficará grávida!

Eu pensava que tinha feito tudo tão certinho, mas, naquele momento, deparava com a realidade de que a minha "forma certa" de viver não era o suficiente para receber o que eu achava que merecia.

Tudo o que eu via era uma porta sem acesso. Eu me sentia espremida e, por mais que eu me esticasse para tentar acessar a porta da maternidade, ela estava fechada, como aquele carro estacionado ao lado do outro.

Foram muitos os momentos de insegurança, de choro, de questionamento, de dúvida, de tristeza, de rejeição, de luto. Eu vivia o luto da morte de algo que nunca havia dado à luz.

Dentre tantas tentativas de tratamento, lembro-me de uma fertilização *in vitro* que fiz. O médico havia colocado dois embriões fecundados no meu útero. Eu me sentia grávida de gêmeos. O atraso de um dia foi o suficiente para o meu esposo anunciar que eu estava grávida... Mas veio a dor imensurável da vergonha, da incapacidade, da falta de controle, da humilhação e da impossibilidade do dia posterior.

Se isso não fosse o bastante, o nosso casamento entrou em crise. Focamos tanto a impossibilidade que vivíamos permitindo que outras coisas se tornassem inacessíveis para nós. Passamos a não ter acesso à alegria, ao contentamento, à paz, ao sentimento de estarmos completos, ao nosso amor. Estávamos simplesmente berrando e bradando o fato de não termos acesso àquela porta pela qual queríamos passar. Pior ainda: deixamos de acessar outras portas porque não víamos alternativas.

Nesse contexto, terminada a minha residência médica, passei numa seleção nacional para realizar uma pós-graduação em outro país, Porto Rico. Pedro foi comigo. Quando concluí os estudos, depois de um período, abriram-se portas para que eu fizesse um treinamento clínico num grande hospital de olhos de Miami (EUA).

Aparentemente, vivíamos bem, mas, na realidade, a impossibilidade estava ao lado, como algo que tornava a nossa vida instável, sempre com a impressão de que, se acessássemos a tão almejada porta da fertilidade, os nossos problemas estariam resolvidos.

Para nós, não existiam portas alternativas. Somente a gravidez seria capaz e possível de nos tornar um casal feliz.

Quando voltamos dos Estados Unidos, após um longo período de treinamento médico e onde Pedro estudou teologia, chegamos ao Brasil. Pedro começou a trabalhar numa cidade distante de Fortaleza, onde morávamos na época; por isso, precisávamos passar a semana distante um do outro.

Não percebíamos que havíamos permitido que outras portas passassem a não ter mais acesso entre nós. Fomos perdendo a conexão pouco a pouco. Fomos nos afastando. A rotina, a distância, a falta de relacionamento com os amigos, o afastamento das atividades da igreja, tudo foi contribuindo para fechar as portas da nossa conexão. Após um ano assim, Pedro se envolveu em um relacionamento extraconjugal e, depois de algum tempo, decidiu sair de casa.

Não éramos pastores nessa época, mas tínhamos certa influência na igreja local na qual participávamos porque havíamos crescido na igreja e sempre servíamos em tudo o que podíamos: congressos, acampamentos, encontros etc. Tínhamos atuado na liderança de jovens e até de casais, além de servir também na equipe de louvor. Essa situação era um desastre! Com apenas seis anos de casados, estávamos passando por uma separação, após tentativas dolorosas de gravidez!

Para mim, foi uma longa jornada de dor e sensação de abandono, uma jornada de solidão e impossibilidades. Quantas noites em claro, quantas orações que pareciam apenas gemidos, quanta agonia. A realidade era que, naquele momento, a minha impossibilidade só aumentava e passava a não ter sequer o meu marido para gerar um filho.

A única coisa que conseguia fazer na época era buscar consolo em Deus, força para recomeçar e motivos para continuar. Foi uma busca incessante somente pelo Pai e procurava me afastar de coisas que me tirariam desse foco. No entanto, ainda não sabia como acessar portas alternativas.

Durante uma jornada de separação que durou quatro anos, Deus foi me ensinando a olhar a "porta do passageiro" como alternativa. Até mesmo a "porta do bagageiro", se me desse acesso, seria uma porta alternativa diante das minhas impossibilidades.

Juntei-me com outras mulheres da igreja para orar por maridos afastados (da igreja ou de casa) e me tornei líder daquelas mulheres. Quantas vidas foram restauradas naquele período! Foram muitas as conquistas e as portas alternativas que pudemos acessar juntas, ajudando umas às outras, e eu era a mulher que conduzia aquele pequeno rebanho de mulheres cheias de dificuldades relacionadas com o casamento.

Pouco a pouco, fui aprendendo com Deus que antes eu era uma pessoa cheia de perfeccionismos, mas não tão perfeitinha, por esse motivo incapaz de ver os meus defeitos. Em outras palavras, eu precisava de portas alternativas para poder enxergar a mim mesma e desenvolver outras qualidades. Em vez de esbravejar diante do impossível, teria que ver outras portas de acesso que me esperavam pela frente, por saber que Deus pode agir por meio da nossa impossibilidade para nos mostrar a possibilidade que ele quer se tornar para nós.

Com isso, fui deixando de ser a filhinha cheia de merecimento próprio para me tornar uma mulher convicta de que devemos depender total e exclusivamente de Deus. Eu estava saindo de dentro da minha "caixinha" para ver por fora dela. Antes via apenas a "porta do motorista" como opção de entrada para o futuro, ou me sentia espremida e apertada pelas pessoas que estacionavam de forma errada na minha vida. Enfim, comecei a enxergar que a "porta do passageiro" existe e que entrar pela porta alternativa nos conduz ao local que precisamos chegar.

Depois de dois anos de separação, descobri que a pessoa com a qual o meu marido se relacionava estava grávida. Essa dor foi difícil de aguentar.

A percepção de que as minhas impossibilidades haviam aumentado foi tirando cada vez mais de mim qualquer prerrogativa de que a porta de entrada deveria estar num padrão perfeito. Fui percebendo as muitas coisas que precisavam mudar em mim e como eu estava equivocada; as tantas imperfeições que finalmente se contrapunham ao meu perfeccionismo de outrora foram reveladas.

Nesse tempo, lembrava-me muito da história bíblica de Sara e Hagar e dos capítulos de Gênesis que narram a história da promessa de Deus a Abraão e aos seus descendentes. Já que Sara, a esposa, era estéril, Hagar, a outra, teve um filho de Abraão. Durante uma conversa com Deus, Abraão havia recebido a promessa de ter um filho, mas Sara era estéril e eles já tinham idade avançada. Sara, a mulher, escutou a promessa e riu:

> Então disse o SENHOR: "Voltarei a você na primavera, e Sara, sua mulher, terá um filho". Sara escutava à entrada da tenda, atrás dele. Abraão e Sara já eram velhos, de idade bem avançada, e Sara já tinha passado da idade de ter filhos. Por isso riu consigo mesma, quando pensou: "Depois de já estar velha e meu senhor já idoso, ainda terei esse prazer?" Mas o SENHOR disse a Abraão: "Por que Sara riu e disse: 'Poderei realmente dar à luz, agora que sou idosa?' Existe alguma coisa impossível para o SENHOR? Na primavera voltarei a você, e Sara terá um filho" (Gênesis 18.10-14).

Eu via a minha história exatamente como a de Sara! Não tinha a idade avançada, mas as minhas impossibilidades eram tantas que eu poderia até rir de mim mesma, e todos que conheciam a minha história também poderiam rir sem acreditar que a minha situação seria capaz de ser transformada.

Às vezes, a paralisia acontece porque rimos de nós mesmos, da nossa incapacidade e até do que Deus pode fazer em nós e por meio de nós. Não lembramos que Deus é o responsável de tornar as nossas impossibilidades em possibilidades, mesmo que não utilize a porta que julgamos ser a principal para realizar seu projeto em nós.

> Rir das suas impossibilidades? Não faça isso! Acaso existe alguma coisa impossível para Deus?

Mais dois anos se seguiram nessa jornada, até que quatro anos de separação se completaram. Deus, em sua infinita misericórdia, fez tantos milagres na nossa vida. Pedro, após esse período, em um grande processo de restauração com Deus, retomou o caminho de volta para ele e, consequentemente, de volta para casa, para o nosso lar, para mim.

Eu claramente vivi o que diz o salmo 126, pois parecia viver um sonho e sabia que vivia a colheita da minha perseverança de esperar em Deus. Vivi a reconstrução da nossa história realizada por um Deus de detalhes, que não esquece nenhuma de suas promessas:

> Quando o SENHOR trouxe os cativos
> de volta a Sião, foi como um sonho.
> Então a nossa boca encheu-se de riso
> e a nossa língua de cantos de alegria.
> Até nas outras nações se dizia:
> "O SENHOR fez coisas grandiosas
> por este povo".

Sim, coisas grandiosas fez o Senhor por nós,
por isso estamos alegres.
Senhor, restaura-nos,
assim como enches
o leito dos ribeiros no deserto.
Aqueles que semeiam com lágrimas,
com cantos de alegria colherão.
Aquele que sai chorando
enquanto lança a semente,
voltará com cantos de alegria,
trazendo os seus feixes
(Salmos 126.1-6).

AS PORTAS EXISTEM

A primeira porta alternativa que acessei para viver esse processo de reconstrução foi o perdão. Decidi, no meu coração, perdoar toda e qualquer atitude do Pedro para comigo. Iniciaríamos uma nova estação por intermédio de uma "porta alternativa" que se abria para nós e pela qual precisávamos decidir passar.

Jamais teria chegado até aqui se não tivesse decidido entrar pela porta do passageiro e esquecer todo o aperto vivido na tentativa de entrar pela "porta certa".

Não faço aqui menção de nenhum tipo de merecimento pelo erro ou pelo pecado, mas existem situações inegáveis na nossa vida que só serão esquecidas se decidirmos entrar pela porta que está à nossa frente, esquecendo-nos de todos os acidentes de percurso que nos espremem e apertam.

Essa foi uma trajetória cheia de novos desafios, de conquistas e alegria por um recomeço, mas ainda existiam portas estreitas e fechadas que precisavam ser acessadas. Eu não era mãe ainda, e ele tinha uma filha, fruto de um relacionamento extraconjugal quando ainda estávamos casados.

Eu entendi que poderia haver outro caminho. Nessa busca para ouvir Deus e entender os novos caminhos que eu tinha pela frente, escolhi entrar pela porta alternativa do amor. Eu não havia gerado filhos no meu ventre, mas Deus me disse claramente que a minha identidade não se resumia a um útero infrutífero e que, por meio de um coração tão fértil como o amor dele, eu poderia gerar filhos de outra forma. Essa mensagem de Deus ao meu coração foi libertadora.

> Nós não somos as nossas impossibilidades!

Ao retomarmos o nosso casamento, a Aninha já tinha 2 aninhos. Decidi amar aquela criança. Eu me dediquei a ela com toda a força do meu ser. Mesmo sem conviver com ela diariamente, dedicava-lhe todo o amor de mãe que eu tinha para dar. Ela se tornou a minha princesinha, e eu escolhi gerar amor no meu coração por ela. Decidi novamente entrar pela "porta do passageiro" e descobri que o contentamento é algo que muda a nossa vida. Embora fosse infértil fisicamente, eu tinha a capacidade de gerar frutos que repercutiriam durante toda a minha vida, bem como na vida das pessoas que estariam ao meu redor.

Às vezes, perdemos tempo insistindo em entrar pela porta principal, quando Deus permite situações na nossa vida para que sejamos gratos pela chance de existirem outras possibilidades e, assim, ele nos revela o amor dele por meio de situações adversas.

Eu parei de ficar aborrecida e de questionar Deus pelo fato de que a porta da fertilidade física havia se fechado para mim e aproveitei a chance de me tornar uma pessoa tão fértil na minha alma que fui capaz de amá-la, como se ela tivesse saído das minhas entranhas. Ela se tornou um presente para minha vida e para minha casa.

Foram dias muito gratificantes, contudo não tão fáceis de viver, como quando se escreve de forma breve em um capítulo de um livro. Contudo, vivo a recompensa da minha decisão até hoje.

Lembro-me de que a presença da Ana na minha vida fazia da minha casa um lugar de habitação. O meu deserto começou a ser habitado, da forma menos esperada e menos propícia, mas era isso! Sempre existirão portas alternativas diante das impossibilidades.

Quando a Ana tinha 5 anos de idade, recebi um presente especial vindo de Deus. Exatamente às 18 horas de um sábado, no ano de 2007, estávamos nos preparando para buscá-la para passar conosco o fim de semana. Ao abrir a porta de casa, o maior e melhor presente que alguém poderia receber me havia sido enviado por Deus: Levi, o meu filho, estava bem na minha frente.

> Dar um novo significado à vida é saber entrar por elas. É decidir que "carros mal estacionados" na nossa vida não roubem a nossa essência nem a chance que temos de escolher ser felizes.

Nem sei explicar a mescla de emoções que invadiu a nossa vida naquele dia. Foi a gravidez emocional mais longa que já vi. Depois de treze anos de casada e de uma separação que durara quatro anos e de ter decidido amar a Aninha, o meu Levizinho estava ali. Ao mesmo tempo, foi a gravidez física mais rápida que conheci, pois, da tarde para noite, um bebê nasceu na minha vida. Eu finalmente era mãe, não só da Aninha que me dava essa alegria alguns dias da semana, mas também e principalmente todos os dias.

A maternidade se abriu para mim pela porta alternativa da adoção. Com a Ana, um tipo de adoção voluntária; com o Levi, a adoção de direito, pois fizemos todos os trâmites legais do processo de adoção e, após quatro meses, o Levi já era o nosso filho legítimo. Sentia-me como se um botão tivesse sido apertado em mim e eu já estivesse pronta! Todo o meu desejo de gerar uma criança no ventre foi completamente saciado pela oportunidade de amar a Ana e o Levi.

Eu cheguei ao lugar desejado, ao meu destino de ser mãe, ainda que tenha sido por portas alternativas. Isso é dar a volta por cima e ultrapassar os limites.

Vivemos como família, e hoje Aninha mora conosco. Ela tem 18 anos e realmente é um presente de Deus para a nossa família. As pessoas que convivem conosco são testemunhas disso. Ana é um ser humano incrível que eu admiro muito. Também sei que ela me ama como mãe, embora tenha a sua mãe biológica. As duas sabemos quanto somos importantes para ela. Pessoalmente, eu me sinto orgulhosa de ver quanta coisa ela absorveu dos meus ensinamentos e quantas caraterísticas de alma podemos compartilhar.

Outro dia, aconselhava uma mulher muito querida, que passava por um processo de divórcio, quando ela me disse algo em que nunca havia pensado: que a minha vida é muito mais inspiradora pelo fato de ter decidido amar a Aninha como filha, talvez mais do que se eu tivesse engravidado milagrosamente.

Ela me disse: "Jacqueline, para mim, esse é um milagre maior que uma gravidez após a infertilidade. Sempre que olho para a Ana Íris, lembro-me de que ela é fruto do amor de Deus por meio de você. Se você tivesse ficado grávida, eu teria me esquecido, mas estou sempre me lembrando disso e me inspirando com a sua decisão".

De verdade, nunca tinha parado para pensar nisso. Aquela frase trouxe mais significado à minha vida e pude entender que os caminhos de Deus são mais altos que os nossos, que ele usa as nossas imperfeições e as torna em inspiração para outras pessoas quando somos capazes de tomar decisões com base no amor incondicional, por crer que ele é poderoso para fazer muito mais em nós e por meio de nós.

O caminho é deixar de questionar as nossas falhas e imperfeições e acreditar que estas farão parte de um processo que nos permitirá abençoar outras vidas.

Para isso é preciso fé, coragem e força a fim de que, diante de cada situação de impossibilidade humana, reconheçamos a nossa incapacidade de lidar com elas, renunciemos ao desejo próprio do nosso coração e acreditemos, mesmo sem compreender, que a porta alternativa nos fará chegar ao nosso destino.

Quanto ao Levi, não me canso de dizer quanto sou feliz por ele existir. Descobri que as mães adotivas não são inférteis por não ter um útero biológico funcional, mas são férteis porque têm o útero do coração e são capazes de gerar por decisão. Da mesma forma, os filhos adotivos não vêm de fora, mas de dentro, pois são gerados dentro do coração de cada mulher que decide adotá-los.

O meu coração pertence a eles: Ana Íris e Levi.

Como afirma Paulo em Filipenses 4.12,13, podemos passar todo tipo de bagagem de impossibilidades na vida, lidar com portas fechadas, entrar por novas portas, vencer o que parece invencível e, ainda assim, ser capazes de amar quando parece impossível, perdoar o imperdoável e dar um novo significado à nossa história, vivendo contente em toda e qualquer situação, porque podemos todas as coisas naquele que nos fortalece!

Jesus é a nossa força. Com ele, você pode passar por toda e qualquer situação!

Parte 2

A morte e a vida — Deus sempre será Deus

Capítulo 3
ÀS VEZES, VENCER É SIMPLESMENTE DESISTIR

Em muitos aspectos da vida, desistir tem um significado bom. Embora a palavra "desistir" tenha, a princípio, uma conotação ruim, em algumas situações a sua utilização tem efeito positivo, mesmo que isso pareça contraditório.

A frase popular "Desistir não é uma opção" se tornou famosa e tem um cunho que nos estimula a estar em constante busca e atividade para chegar ao resultado esperado. No entanto, podemos fazer um exercício mental e enxergar algumas situações em que desistir é a solução mais assertiva, correta e saudável. Pensemos sobre isso.

Veja bem! Desistir de procurar em pecados a solução para as nossas frustações é um exemplo importante. Desistir de tentar agradar a nós mesmos com hábitos pecaminosos é uma atitude vitoriosa, visto que permanecer neles apenas postergará o nosso triunfo, além de nos levar a uma vida de prisão no corpo, na alma e no espírito.

Desistir de procurar a felicidade nas pessoas é outra situação em que se nota uma atitude positiva. A ninguém podemos dar o poder de decidir quem seremos. Tornamo-nos escravos dos outros quando as nossas emoções dependem do que outros pensam, de sua perspectiva, a nosso respeito e não de quem realmente somos. Somente Deus, o conhecedor de todas as coisas, tem a habilidade de olhar para nós da forma que realmente somos e nos inspirar a ser quem ele deseja que sejamos. Então, desistir nesses casos é vencer!

Você já percebeu que, às vezes, queremos desistir quando a decisão correta seria prosseguir? Ou queremos insistir quando o certo seria desistir?

Há várias outras abordagens em que desistir seria a melhor opção, ou até mesmo necessário. No entanto, o meu foco aqui é que devemos desistir de compreender Deus.

DESISTA DE TENTAR COMPREENDER A VONTADE DE DEUS

A Bíblia diz que "Deus age em todas as coisas para o bem daqueles que o amam" (Romanos 8.28). Saber é muito diferente de compreender!

As pessoas, de forma geral (excluindo os oftalmologistas e óticos), podem não compreender como as lentes dos óculos corrigem

> Saber significa ter conhecimento específico; já compreender significa entender.

problemas como a miopia, mas sabem que o uso delas faz que as pessoas vejam melhor. Certo?

Esse texto de Romanos sempre me intrigou. Passar por situações adversas me fez vivê-lo!

Como diz a canção, "ninguém explica Deus...".[1]

Quem somos nós, criaturas, para contender com o nosso Criador? Como a mente humana, que é tão finita e limitada, poderá compreender a infinidade do Criador?

Não sei se isso acontece com você, mas, na minha vida, muitas foram as ocasiões em que tentei encaixar a mente de Deus — seus planos, seus propósitos, sua forma de agir, seus caminhos, sua soberania, sua magnitude — na minha perspectiva, nos meus projetos, na minha incapacidade de decidir corretamente, nos meus caminhos, na minha forma de agir e na minha pequenez. Alguém se encaixa?

> Desista de tentar compreender a vontade de Deus!

Lembro-me do que afirma Salomão no livro de Eclesiastes:

> Quando me lancei de corpo e alma para buscar a sabedoria e examinar tudo que acontece nesta terra, compreendi que, mesmo mantendo os olhos abertos dia e noite, sem nem piscar, nunca se entenderá o sentido do que Deus está fazendo neste mundo. Pode investigar à vontade, você nunca compreenderá. Não importa quanto você conhece, jamais chegará lá (8.16,17, *A Mensagem*).

Isso é forte e profundo...

---

[1] Disponível em: <https://www.letras.com/preto-no-branco/ninguem-explica-deus/>. Acesso em: jun. 2020.

QUANDO DESISTIR É DIFÍCIL

Somos sete irmãos, filhos de uma mulher incrível, que sempre procurou nos ensinar os princípios de Deus como regra de vida, e de um homem muito batalhador, que trabalhou duro para nos proporcionar os melhores estudos. Tenho muita gratidão a eles.

Vivíamos como uma família de classe média, com algumas dificuldades financeiras, algumas dificuldades de relacionamentos, mas tudo sempre superado pelo amor a Deus e por meio da oração. Tenho a bela lembrança de meus irmãos e eu reunidos para orar com a minha mãe. Deus sempre se fez presente na nossa vida, na nossa casa, na nossa história.

Nesse contexto familiar, sou a filha número seis. Embora seja uma das últimas e mais novas da casa, sempre fui desafiada a lutar para que a nossa família estivesse unida e crescendo em Deus e sempre me senti peça importante dentro desse processo de família. Muitas vezes, vi as minhas orações serem respondidas.

A minha mãe se converteu quando eu tinha 6 anos de idade. Nesse mesmo período, eu também conheci Cristo como Salvador. Orávamos sempre e, aos poucos, fomos vendo a nossa família ter um relacionamento com Deus. Éramos felizes e, por mais que tivéssemos lutas, nunca tínhamos experimentado "dores tão fortes" capazes de desestabilizar o nosso contexto familiar.

Todos os sete filhos já éramos casados e com filhos... Era um sábado à tarde, no final de fevereiro de 2011. Eu estava em casa quando o meu irmão, quinto filho da dona Aurinívia, me ligou em tom de desespero, dizendo que a esposa dele, Joelma, havia sofrido um acidente e estava à beira da morte. Ele me pedia ajuda por socorro, por confiar em mim e pelo conhecimento médico que eu tinha.

A minha cunhada era uma pessoa linda! Jovem, doce, meiga, educada, excelente mãe, filha e esposa. De verdade, não me lembro de alguma vez tê-la visto reclamar de algo na vida. Tinha um sorriso encantador, e dela só me lembro de doçura, tranquilidade e bondade.

Depois de irmos ao local do acidente naquele dia, fizemos o socorro da forma mais rápida possível. Como médica, ajudei em todo o processo no hospital e acompanhei tudo de pertinho. Foram nove dias de internação, algumas cirurgias, muitos exames médicos, uma equipe fantástica de colegas de profissão e pessoas da minha confiança acompanhando-a... e uma alta hospitalar que encheu a nossa família de alegria e esperança.

Lembro-me da Joelma contando que, no momento do acidente, enquanto via a própria face se esvaindo em sangue e esperava, desfalecendo, pelo socorro, ela viu um homem de branco, que a segurou pelos braços e disse: "Tenha calma. Você não vai morrer AGORA".

De fato, ela não morreu no dia do acidente. No décimo nono dia após o acidente, quando ela estava em casa e todos nós já tínhamos descansado do susto que havíamos passado, ela sofreu uma embolia pulmonar e foi a óbito nos braços do meu irmão, na sua própria casa.

A morte finalmente se apresentava diante de nós. O meu irmão precisou socorrê-la, desesperado, enquanto os filhos viviam em casa aquela situação.

Mesmo com todo o esforço para chegar ao hospital em tempo recorde, após todo o processo de ressuscitação cardiorrespiratória, depois de uma sequência de 18 paradas cardíacas e de procedimentos hemodinâmicos para recuperá-la, já havia morte cerebral. Depois de treze horas de luta pela vida e de agonia da nossa parte, Joelma partiu. O Senhor recolheu-a para si.

Entender "preciosa é [...] a morte dos [...] santos" (Salmos 116.15, *Almeida Revista e Atualizada*) é muito difícil, quase impossível!

Eu não conseguia entender! Por muito tempo, lutei com um sentimento de incapacidade médica. Embora não tivesse a responsabilidade técnica com a vida da minha cunhada, tinha uma responsabilidade familiar e emocional naquele contexto. Por que eu não vi isso? Por que não fiz de tal jeito? Como se a minha capacidade técnica fosse capaz de mudar o destino dela.

Eu tinha medo dos olhares das pessoas, de que pudessem me culpar; afinal, eu era a médica da família, e todos depositavam em mim confiança por se sentirem seguros ao meu lado. No velório, ouvi vozes com todo tipo de pergunta: "A Jacque estava lá?", "Não viu isso ou aquilo?", "Foi erro médico?".

Uma mescla de sentimentos tumultuou o meu coração, ao tempo em que eu buscava resposta para o que não tinha resposta, solução para o que não podia ser solucionado, entendimento e compreensão para o que não podia ser compreendido.

Foi preciso que Deus ministrasse ao meu coração para que eu acreditasse em algumas verdades da parte dele. Primeiro, que eu não tinha culpa! A minha capacidade técnica finita jamais substituiria a sabedoria infinita do meu Deus. Eu não havia falhado e, mesmo se tivesse, Deus jamais falharia, se fosse esse o propósito dele.

Talvez a minha própria família não saiba como essa situação foi difícil para mim. Embora o meu irmão tenha tido a graça de Deus de refazer a sua história de vida, hoje com novo casamento e outro filho, viver o processo ao lado dele, com os seus dois filhos, na época com 9 e 4 anos de idade, foi também ação de Deus em mim e em todos que conviviam conosco.

Uma sequência de eventos semelhantes se seguiu na minha trajetória familiar, alguns com desfechos diferentes, mas todos contribuíram para que eu chegasse até aqui.

Passado um ano e cinco meses da morte da Joelma, exatamente em 31 de agosto de 2012, Levi foi realizar uma endoscopia digestiva e teve uma parada cardiorrespiratória bem na minha frente. No dia anterior ao exame, uma luta sem fim se travou na minha mente. Orei muito por aquele exame e hesitei em deixá-lo realizar.

Como médica, não compreendia por que eu estava tão preocupada com um exame aparentemente tão simples. Era algo contraditório, mas, diante da luta, só podia orar e orar.

Eu simplesmente não sentia paz. Desde o início do procedimento, quando ele foi sedado, o meu coração sabia que havia algo errado. O olhar dele... O meu coração acelerado... O tubo de endoscopia que era inserido... e um sensor de oxigênio que media a respiração, que caiu abruptamente até zerar. "Ajeita o sensor", disse o anestesista. Eu já sabia que a vida do meu filho estava parando ali. "Ele parou, ele parou, tira o tubo!...". Foram várias as orientações dadas em uma velocidade enorme, em questão de segundos, mas que pareceram durar uma eternidade.

Saí da sala em silêncio; não conseguia dizer uma palavra, exceto ligar para o meu marido, que hoje não sabe explicar como chegou naquela clínica em tão poucos minutos.

Fui para a calçada em frente à clínica, enquanto lágrimas escorriam pelo meu rosto, sozinha, em um silêncio inexplicável, mas os gritos internos ecoavam na eternidade. Liguei para o nosso pastor, que, junto comigo, clamava pela vida de Deus para o Levi.

Passados alguns minutos, que pareceram eternos, tive de voltar à sala do procedimento onde havia deixado o meu filho "morto". Sabia que, ao entrar ali, depararia com um panorama definitivo. Vida ou morte? O que me esperava naquela situação?

Não me lembro como cheguei lá. Ao abrir a porta, os médicos e as enfermeiras estavam ao redor dele, e pude ouvir as palavras mais significativas que uma mãe poderia escutar em uma situação como aquela: "Mãezinha, ele voltou!". Uma felicidade imensa invadiu o meu ser naquele momento. Ele havia sido ressuscitado! Para mim, a resposta foi vida!

Uma semana depois, orava agradecendo a Deus pela vida do meu filho. Em lágrimas, agora de felicidade, dizia: "Senhor, como tu és bom! Obrigada por trazeres o meu filho de volta!". Com uma voz serena, mas profunda, ouvi Deus dizer: "Filha, se ele não tivesse voltado, eu seria bom?".

Como a minha vida mudou depois disso. A minha oração naquele dia foi: "Senhor, tu continuarias o mesmo, sempre bom, mas eu, a partir de hoje, jamais serei a mesma!".

Se Deus faz, ele é Deus; se não faz, ele é Deus; seja o que for, ele continua sendo Deus! Sempre bom!

Tempos depois, pude refletir que o clamor pela vida de Deus para o Levi havia sido o mesmo realizado em favor da minha cunhada Joelma. Aliás, orei sozinha com o meu pastor, por três minutos, para que Deus ressuscitasse o Levi. No caso dela, toda a família orou, além de três igrejas, por exatamente treze horas daquele dia.

> Não compreendemos os caminhos de Deus; precisamos apenas crer que são maiores, melhores e mais altos que os nossos!

Um mês depois desse episódio, recebi a ligação de outra cunhada casada com outro irmão, o segundo dos sete filhos. Ela havia tomado alguns hormônios para estancar um sangramento. No mesmo período, havia feito uma curetagem por abortamento e não sabia que era portadora de fatores genéticos capazes de causar embolia pulmonar. Na ligação, mencionava alguns sintomas muito genéricos de falta de ar que ela apresentava. Orientei-a a ir ao hospital. Apesar de apresentar sintomas leves, sem muito significado clínico, diagnosticaram uma embolia pulmonar dos dois pulmões. Ela ficou internada por nove dias na UTI, mas teve alta hospitalar e sucesso em seu diagnóstico precoce e tratamento a tempo hábil, diferentemente da outra cunhada. Ela recebeu outra oportunidade de viver.

Nunca compreenderemos Deus! Nesta vida, nunca compreenderemos por que existem alguns "sins" inexplicáveis e alguns "nãos" que, aos nossos olhos, não poderiam ser dados. Da mesma forma, não entendemos por que uns têm e outros não têm; por que uns vivem e outros morrem... A vontade de Deus sobre a vida e a morte, muitas vezes, é uma dicotomia que não se explica!

No ano de 2018, seis anos depois do episódio do meu filho, recebi a ligação de uma mãe da minha igreja, à meia-noite, dizendo: "Jacque, ore pelo meu filho! Ele está quase morto na UTI; se o seu filho voltou, o meu pode voltar".

No desespero ilógico e irracional daquela mãe, ela não conseguia discernir naquele momento que o poder não está em quem ora, mas em quem responde às orações!

Diferentemente da minha história e da história do meu filho, aquela criança foi a óbito na manhã seguinte, e a primeira pergunta que ouvi ao encontrar aquela mãe, obviamente inconsolada, foi: "Por que o seu filho voltou, e o meu, não?".

De fato, algumas pessoas têm tudo para viver e morrem, e outras têm tudo para morrer e vivem, talvez por um voo que perderam, por terem saído quando normalmente não o fariam, por tomarem uma carona, por uma falha médica no hospital, por uma queda que poderia ser evitada, enfim, por isso ou aquilo. Como muitos dizem, a morte só precisa de uma desculpa!

O fato é que a Bíblia diz que os nossos dias foram contados ainda no ventre da nossa mãe (Salmos 139.16), e entender a mente de Deus é algo impossível porque a mente humana não consegue alcançá-la.

Afinal, "O Senhor mata e preserva a vida; ele faz descer à sepultura e dela resgata" (1Samuel 2.6).

Damos um novo significado à vida quando olhamos para a morte sabendo que existe vida por trás dela, pois o relacionamento com

Deus nos dá uma nova perspectiva por termos a certeza de que a vida eterna pode ser alcançada em Cristo.

Estamos aqui neste mundo para uma jornada que durará o tempo que o Senhor quiser.

> Dar um novo significado à vida, muitas vezes, é não tentar explicar o inexplicável; não tentar compreender o incompreensível. É desistir, embora seja difícil!

Na verdade, se não pensarmos assim, terminaremos magoados com Deus porque ele não impede que todas as coisas ruins nos sucedam. Não há promessa de vida sem dor. Embora ele possa fazer coisas incríveis das tragédias da nossa vida, não é ele o maestro que as orquestra.

Ninguém explica Deus quando a morte chega, e ninguém explicará Deus na vida. Ele doou o próprio Filho e, por meio da morte, trouxe vida à humanidade.

Sabemos que a morte nos põe em situações de medo, dor e desespero, mas tentar explicá-la ou compreendê-la quando ela chega à nossa vida é aumentar essa dor, porque, na maioria das vezes, não existe remédio, consolo ou volta. Não existem explicações.

O questionamento faz parte do ser humano, uma vez que Deus nos criou eternos; a eternidade de Deus foi a matriz da nossa criação. Ainda assim, não existem respostas. Ninguém explica Deus!

Com relação a isso, creio no que Paulo escreveu em Romanos:

> Ó profundidade da riqueza da sabedoria e do conhecimento de Deus! Quão insondáveis são os seus juízos e inescrutáveis os seus caminhos! "Quem conheceu a mente do Senhor? Ou quem foi seu conselheiro? Quem primeiro lhe deu, para que ele o recompense?" Pois dele, por ele e para ele são todas as coisas. A ele seja a glória para sempre! Amém (11. 33-36).

Em outra versão:

> Vocês, por acaso, já viram algo que se compare à graça generosa de Deus ou à sua profunda sabedoria? É algo acima da nossa compreensão, que jamais entenderemos.
> Há alguém que possa explicar Deus?
> Alguém inteligente o bastante para lhe dizer o que fazer?
> Alguém que tenha feito a ele um grande favor
> ou a quem Deus tenha pedido conselho?
> Tudo dele procede;
> Tudo acontece por intermédio dele;
> Tudo termina nele.
> Glória para sempre! Louvor para sempre!
> Amém. Amém. Amém
> (Romanos 11.33-36, *A Mensagem*).

Com a certeza de que:

> Se Deus é por nós, quem será contra nós? [...] Quem nos separará do amor de Cristo? Será tribulação, ou angústia, ou perseguição, ou fome, ou nudez, ou perigo, ou espada? [...] Pois estou convencido de que nem morte nem vida, nem anjos nem demônios, nem o presente nem o futuro, nem quaisquer poderes, nem altura nem profundidade, nem qualquer outra coisa na criação será capaz de nos separar do amor de Deus que está em Cristo Jesus, nosso Senhor (Romanos 8.31b,35,38,39).

Ou seja, nem a morte, nem a vida, nem o passado, nem o futuro, nem a dor, nem qualquer coisa que a nossa mente humana não possa compreender têm o poder de nos separar do amor de Deus. Nada, nada mesmo, até mesmo a falta de compreensão, pode nos separar dele.

Essa é a certeza que deve nortear o nosso coração. Desistir de compreendê-lo nos fará mais dependentes dele e do seu amor, principalmente com a certeza de que ele estará conosco em todas as situações, mesmo que não consigamos compreendê-las.

Desse modo, temos duas opções: podemos passar o resto da vida resmungando pelas perdas, ou podemos ser eternamente gratos pelo tempo que tivermos em vida e pela oportunidade que Deus nos deu ao lado de cada pessoa na nossa jornada.

Na verdade, o que crê e o que não crê jamais poderão compreender Deus. Desistir de tentar compreendê-lo, ou de tentar compreender a sua vontade, principalmente em situações difíceis, é um ato de vitória!

> Assim como você nunca entenderá
> como se forma a vida na mulher grávida,
> Também nunca entenderá
> o mistério de tudo que Deus faz.
> (Eclesiastes 11.5, *A Mensagem*)

Ninguém explica Deus!

Eu prefiro desistir nesse caso. Creio que você também deveria fazer isso!

Capítulo 4

O QUE NOS ESPERA

Depois de falar da morte, desejo falar da vida! Vida, vida, vida! O mais importante que temos!

Com relação a ela, quem também entende Deus? Creio que ninguém mesmo. A vida não é para ser entendida, mas para ser vivida!

Viver é estar consciente da beleza que a criação tem, da incrível obra da criação de Deus com relação a nós, seres humanos, quando decidiu criar o homem e toda a natureza ao seu redor, bem como estar atento ao projeto de Deus para a vida do homem.

Observemos a vida da perspectiva de Deus na Criação:

Antes de tudo, Deus. Deus é a matéria da vida. Deus é o fundamento para a vida. Se não tivermos consciência da primazia de Deus, nunca o entenderemos corretamente, nunca viveremos corretamente. Não um Deus às margens; não um Deus como opção; não um Deus de finais de semana, mas Deus no centro e na circunferência; Deus no início e no fim; Deus, Deus, Deus (Introdução ao Livro de Gênesis, *A Mensagem*).

No princípio do mundo, Deus criou todas as coisas. As visíveis e as invisíveis. Criou a luz. *Flashes* luminosos se espalharam por toda a face da terra. Deus separou o dia da noite. Criou os céus, a terra e fez separação entre eles. Criou os mares e fez separação da terra. Criou a vegetação. Criou os astros, as estações, os dias, os anos... Depois criou os peixes, os pássaros, os répteis, os mamíferos.

Tudo que Deus criou era bom. Ele foi criando e pondo ordem em tudo. Preparando tudo para que o homem fosse criado. Como um casal prepara todo o ambiente para receber um filho, assim Deus foi preparando toda a estrutura que o homem necessitava para ser feliz na terra criada por ele.

Ele teceu os céus com toda a sua beleza, todo o esplendor e todos os seus tons para o homem. Ele criou o Sol com toda a sua força, o seu calor e o seu brilho para aquecer o homem e iluminar a terra. Criou a Lua e as estrelas para que o homem tivesse um norte durante a noite. Fez a natureza e deu ordem para que ela produzisse o melhor fruto da terra para alimentar o homem. Ele criou a água para servir ao homem. Todos os detalhes foram adicionados à criação de Deus a fim de culminar com a obra-prima da criação de

Deus — o ser humano. Tudo feito para o homem. Todos os detalhes, com perfeição, pois "O céu e a terra foram, assim, concluídos, até os últimos detalhes" (Gênesis 2.1, *A Mensagem*).

Depois de tudo pronto, estava na hora da criação do homem.

> Deus disse: "Façamos os seres humanos à nossa imagem,
> de forma que reflitam a nossa natureza
> Para que sejam responsáveis pelos peixes no mar,
> pelos pássaros no ar, pelo gado
> E, claro, por toda a terra,
> por todo animal que se move na terra".
> E Deus criou os seres humanos;
> criou-os à semelhança de Deus,
> Refletindo a natureza de Deus.
> Ele os criou macho e fêmea,
> E, então, os abençoou:
> "Cresçam! Reproduzam-se! Encham a terra!
>   Assumam o comando!
> Sejam responsáveis pelos peixes no mar
>   e pelos pássaros no ar,
> por todo ser vivo que se move sobre a terra".
> (Gênesis 1.26-28, *A Mensagem*)

> o Eterno formou o Homem a partir do pó da terra e soprou em suas narinas o fôlego da vida. E o Homem passou a ter vida — tornou-se um ser vivo!
> (Gênesis 2.7, *A Mensagem*)

E assim surgiu a vida humana.

O homem passou a ter vida! Tonou-se um ser vivente. Como era essa vida? A vida era abundante. Ausência de morte, ausência de necessidades, ausência de doenças, ausência de sofrimentos, ausência de dores. A vida era plena. Prosperidade, paz, alegria, bondade, felicidade, harmonia, ordem — paraíso!

Havia vida! Plenitude de vida. Eternidade!

No momento da criação, Pai, Filho e Espírito Santo estavam juntos: "Façamos". A Trindade se reuniu para fazer a maior obra da criação. E o homem foi criado à imagem e semelhança de Deus. O homem foi criado com a vida de Deus. A vida de Deus, a eternidade divina, pertencia ao homem. Ele foi cheio da vida eterna de Deus.

A vida humana não surgiu do nada, mas da própria identidade e natureza de Deus. Surgiu do que já existia e era eterno — Deus.

Jesus estava na Criação e era a Palavra de Deus falada. Todas as coisas foram feitas por ele; a vida dada ao homem veio por meio de Jesus:

> No princípio era aquele que é a Palavra. Ele estava com Deus e era Deus. Ele estava com Deus no princípio. Todas as coisas foram feitas por intermédio dele; sem ele, nada do que existe teria sido feito. Nele estava a vida, e esta era a luz dos homens (João 1.1-4).

Além da eternidade implantada na vida do homem, Deus deu a ele o domínio de todas as coisas. "Assumam o comando", disse Deus! Deus deu ao homem autoridade para governar a terra, para governar os animais, para que este recebesse da terra tudo o que Deus havia preparado, antes da sua criação, para dar a ele.

Além disso, Deus desejava que o homem mantivesse a ordem da terra: "O Eterno levou o Homem para o jardim do Éden, para que cultivasse o solo e mantivesse tudo em ordem" (Gênesis 2.15,

A Mensagem). Havia uma responsabilidade para o homem: manter tudo em ordem como Deus lhe havia entregado.

O homem tinha uma vida abundante na terra, em ordem e plenamente satisfatória. O homem se relacionava com Deus, via Deus face a face e tinha acesso à sua presença. Em outras palavras, o homem tinha acesso à vida de Deus, acesso à própria vida.

Não sabemos por quanto tempo viveram Adão e Eva antes da queda no paraíso, mas a Bíblia fala que, certo dia, ambos escolheram ser independentes de Deus. Tomaram a decisão de ter uma vida ao seu modo, afastando-se do relacionamento perfeito que tinham com o Criador. A criatura se tornou dona de si mesma e caiu. Adão e Eva pecaram e desistiram de caminhar com a vida do próprio Deus neles, algo que era intrínseco à sua natureza.

Com essa decisão, morreram... Tiveram a morte de propósito, a morte de sonhos, a morte da eternidade.

A verdade é que tudo morreu por causa da decisão equivocada de Adão e Eva. Na tentativa de se tornarem independentes de Deus, acabaram tornando-se escravos da morte, do pecado, da culpa e da natureza caída.

Toda a descendência do primeiro casal até chegar a nós foi uma descendência caída, sem Deus, longe do relacionamento que o Criador deseja para o homem. A morte tomou o lugar da vida, e a eternidade se perdeu; a imperfeição tomou o lugar da perfeição, e o caos se instalou na humanidade.

A decisão errada do homem teve muitas implicações.

Até a natureza passou a experimentar a morte e aguarda a redenção do homem para que volte a ter vida de verdade:

> A natureza criada aguarda, com grande expectativa, que os filhos de Deus sejam revelados. Pois ela foi submetida

> à inutilidade, não pela sua própria escolha, mas por causa da vontade daquele que a sujeitou, na esperança de que a própria natureza criada será libertada da escravidão da decadência em que se encontra, recebendo a gloriosa liberdade dos filhos de Deus. Sabemos que toda a natureza criada geme até agora, como em dores de parto (Romanos 8.19-22).

A morte, assim, ganhou proporções imensuráveis, em todas as esferas da vida. Na realidade, a morte se sobrepôs à vida — e morte eterna! O homem, por si só, jamais poderia ajustar as consequências desse erro.

Contudo, Deus, em sua infinita sabedoria, já tinha um plano, também de vida para o homem. Ele já havia preparado o resgate para a escolha errada do homem e decidiu enviar o seu Filho. Sobre isso, Paulo bem expressa:

> Foi em Cristo que descobrimos quem somos e por que vivemos. Muito antes de ouvirmos falar de Cristo e de depositarmos a esperança nele, ele já pensava em nós e tinha planos de nos dar uma vida gloriosa, que é parte do propósito geral que ele está executando em tudo e em todos (Efésios 1.11,12, *A Mensagem*).

O Deus que estava presente na criação do homem decidiu se esvaziar de sua divindade, tornar-se homem para dar vida ao homem. Ele viveu entre os homens, sem pecado, para se tornar pecado, a fim de que o nosso pecado fosse perdoado. Ele morreu, levou sobre si a nossa morte

> Deus enviou o autor da vida para dar vida outra vez ao homem.

eterna, e ressuscitou, vencendo a morte, para que eu e você tivéssemos vida eterna novamente.

Ao ressuscitar, Jesus venceu a morte. A vida venceu para sempre! A vida eterna rompeu com a força da morte em favor da obra-prima da criação — o homem. Tudo isso foi feito para resgatar o relacionamento com o ser humano, eu e você. Assim como está escrito:

> Há aqui um paralelo importante a ser ressaltado: no princípio, a morte nos alcançou por causa de um homem, mas agora a ressurreição dos mortos também nos alcança por causa de outro homem. Todos morrem em Adão, e todos tornam a viver em Cristo (1Coríntios 15.21,22, *A Mensagem*).

Um dia, a morte terá o prêmio da derrota, pois todos que estiverem em Cristo voltarão a viver, dessa vez eternamente:

> Mas quero compartilhar algo maravilhoso, um mistério que talvez eu nunca entenda totalmente. Nem todos os cristãos vão morrer — mas todos serão transformados. O toque da última trombeta soará, num piscar de olhos, e o fim chegará. Ao sinal da trombeta celeste, os mortos se levantarão para nunca mais morrer, pois a morte perderá seu poder. Do mesmo modo, todos nós seremos transformados. Na ressurreição será assim: o que é perecível será substituído pelo que é imperecível, o mortal substituído pelo imortal. Então fará sentido o dito:
>
> Finalmente foi a Morte derrotada pela Vida!
> Ó morte, não está agora vencida?
> Ó morte, quem temerá a que era temida?

> Foi o pecado que tornou a morte tão terrível, e foi o código legal da culpa que conferiu ao pecado sua influência destruidora. Mas agora, graças a Deus, que por um só ato vitorioso da Vida, derrotados estão o pecado, a culpa e a morte. E tudo graças ao nosso Senhor, Jesus Cristo! (1Coríntios 15.51-57, *A Mensagem*).

Agora, no entanto, novamente o homem precisa escolher, e deve, diferentemente de Adão, escolher pela vida. Eu e você precisamos compreender que sem o autor da vida não vivemos, apenas sobrevivemos. Porque, sem ele, quando nosso corpo terreno acabar, a morte eterna terá o domínio. Sem Jesus, o Caminho, o nosso destino é sem esperança. Dessa vez, precisamos fazer a escolha certa. A decisão não está mais sobre os ombros de um só homem, como foi com a queda de Adão, mas está sobre os ombros de cada um a escolha; é pessoal e intransferível.

> "Porque Deus tanto amou o mundo que deu o seu Filho Unigênito, para que todo o que nele crer não pereça, mas tenha a vida eterna. Pois Deus enviou o seu Filho ao mundo, não para condenar o mundo, mas para que este fosse salvo por meio dele." (João 3.16,17)

Aí vemos a própria vida, Jesus, o autor da vida humana, tomando para si a morte, para que voltássemos a ter vida, a vida eterna. Ele veio não para condenar o homem, que já estava condenado por seu pecado, mas para libertar o homem da própria escravidão. Em um conceito único — a graça.

Deus resolveu a questão da nossa vida. Precisamos acreditar nisso!

Uma vez que nós e eles reunimos esse longo e lamentável registro como pecadores e provamos que somos incapazes de viver a vida gloriosa que Deus deseja para o ser humano, Deus resolveu fazer isso por nós. Por pura graça generosa, ele decidiu acertar nossa situação com ele. Um presente do céu! Ele nos retirou da confusão em que estávamos e nos restaurou, para fazer de nós o que ele sempre quis que fôssemos. E ele o fez por meio de Jesus Cristo.
(Romanos 3.22-24, *A Mensagem*)

Deus sacrificou o seu Filho, Jesus, com o pecado do mundo para limpar o mundo do pecado. Sobre o corpo de Jesus estavam todos os pecados da humanidade. As feridas, a dor, o sangue — tudo foi por nossa conta. Ele fez tudo por mim e você. Ele pagou a nossa dívida. Não foram os judeus que sacrificaram Jesus; fomos eu e você. Foram os nossos pecados. Foi a nossa sujeira que matou Cristo. Na verdade, foi o nosso pecado que o levou a morrer por nós, embora a decisão de morrer tenha sido dele, fazendo disso um ato de valor, pois ele escolheu morrer pelos pecadores para nos tornar limpos e para que retornássemos à vida.

Jesus morreu para que tivéssemos vida e para restituir o nosso relacionamento com ele, por meio do seu amor:

> Agora olhamos para dentro, e o que vemos é que qualquer um, unido ao Messias, tem a chance de um novo começo e é criado de novo. A velha vida se foi. Uma nova vida floresce! É demais! Tudo vem de Deus, que nos quer em relacionamento com ele e nos chamou para viver relacionamentos com nossos semelhantes
> (2Coríntios 5.17-19, *A Mensagem*).

Portanto, considerando que a vida terrena é passageira, a verdadeira vida é a vida eterna. Onde você vai passar a sua?

É abril de 2020! Exatamente no momento em que escrevo sobre a vida, neste capítulo, o mundo vivencia a trágica pandemia do Coronavírus, que tem tirado a vida de muitas pessoas.

Já estamos com mais de trinta dias confinados em casa. Sem poder sair de casa, sem ver os irmãos em Cristo, sem amigos, sem familiares, sem trabalho, sem opções.

Aquele que tem o controle de tudo, por sua soberania, permitiu que passássemos por esta situação. Tivemos uma pausa na vida. Tudo parou. O mundo parou. A minha vida e a sua vida pararam de certa forma.

É como se nossa vida fosse um filme e, momentaneamente, tivéssemos que apertar o botão e dar uma pausa nele, pausando a nossa história. Ou como se um clique fosse dado e, de repente, tudo parasse de se mover.

Isso inclui todos nós. Os grandes e os pequenos são todos iguais. Os fortes e os fracos são iguais. Não importa quanto você tenha na sua conta bancária, quantos seguidores tenha nas redes sociais; não importa o seu cargo, ou o seu diploma, ou o seu poder, ou a sua influência, todos, sem exceção, tivemos uma pausa na história. Todos fomos nivelados por baixo.

Este para mim tem sido um tempo de avaliação pessoal e de questionamentos. Razões, propósitos, alvos, caminhos, justificativas, explicações, dúvidas...

Tenho certeza de que a nossa vida não será mais a mesma. Definitivamente, não temos o controle que pensávamos ter. Diante de algo invisível e minúsculo que mudou a história da humanidade, vemos que somos pequenos e frágeis.

Com a pausa, podemos ver a finitude das nossas forças e da vida humana em algo que não tem fim: a eternidade.

Vocês nem sabem o que acontecerá amanhã! Que é a sua vida? Vocês são como a neblina que aparece por um pouco de tempo e depois se dissipa. (Tiago 4.14)

Essa situação, como em qualquer outra situação difícil, nos faz pensar sobre como temos conduzido a nossa própria vida. Quais têm sido as nossas escolhas com relação à nossa história, à nossa família, ao nosso casamento, ao nosso dinheiro, ao nosso tempo, aos nossos relacionamentos... Vida ou morte?

Em cada clique de *Pause* da sua vida, sejam as circunstâncias boas ou ruins, o que você tem escolhido? Vida? Tem buscado a Deus para que as próximas cenas da sua história sejam contadas na perspectiva da eternidade com Deus? Ou tem optado pela morte, perpetuando a escolha de Adão?

Desse modo, é muito mais fácil entender o que o apóstolo Paulo disse na epístola aos Gálatas 2.20: "Fui crucificado com Cristo. Assim, já não sou eu quem vive, mas Cristo vive em mim. A vida que agora vivo no corpo, vivo-a pela fé no filho de Deus, que me amou e se entregou por mim".

Paulo compreendeu que a eternidade dele começava aqui na terra, no momento em que escolhia Deus.

Olhar a vida pela perspectiva de uma escolha com Deus nos torna responsáveis pelas nossas atitudes durante a nossa jornada neste mundo. Como costuma dizer o nosso pastor: "A eternidade não muda apenas nosso destino; muda também a nossa jornada".

"Pois quem quiser salvar a sua vida a perderá; mas quem perder a sua vida por minha causa e pelo evangelho a salvará." (Marcos 8.35).

A nossa morte eterna começou no Éden com Adão, pois, quando ele pecou, toda a humanidade pecou com ele. A nossa vida eterna, contudo, começa quando eu entendo que Jesus veio para resgatar a vida perdida pela escolha de morte feita por Adão. A nossa vida eterna começa aqui, a partir de uma escolha por Cristo.

> Quem tem o Filho, tem a vida; quem não tem o Filho de Deus, não tem a vida. (1João 5.12)

Dar um novo significado à vida é primeiramente retornar à vida; retornar para Deus, o autor e consumador da vida. É voltar a ter a vida de verdade. É retornar para ele, mediante uma escolha pessoal de reconhecê-lo como o único que pode nos dar a vida de verdade.

> Dar um novo significado à vida é rever seus valores. É dar um clique em *Pause*, proporcionando a você tempo para repensar a sua história e fazer as escolhas certas ao lado de Deus, na perspectiva de uma vida de verdade.

Dar um novo significado à vida é viver de verdade, é viver diante de Deus, é entender que a eternidade começa agora.

> Aquele que vive de modo justo diante de Deus, confiando nele, vive de verdade. (Romanos 1.17, *A Mensagem*)

> Portanto, não estamos desistindo. Como poderíamos? Ainda que por fora pareça que tudo está se acabando, por dentro, onde Deus está criando uma nova vida, não há um só dia em que sua graça reveladora não se manifeste. Os tempos difíceis nada são comparados com os bons tempos que estão por vir, a celebração sem fim preparada para nós. Há muito mais do que podemos ver. As coisas que agora vemos estão aqui hoje, mas desaparecerão amanhã. Mas as coisas que não vemos agora irão durar para sempre. (2Coríntios 4.16-18, *A Mensagem*)

Ter vida é estar junto com Cristo. É apertar o botão *Play* para as cenas que valem a pena ser vistas e vividas, para a maior decisão, a de estar ao lado de Jesus. Depois disso, a cada nova ação da vida, entendendo toda a trama da narrativa ou não, na dor ou na alegria, trata-se de fazer as escolhas segundo a vontade dele. Cristo é a nossa verdadeira vida!

> A velha vida de vocês está morta. A nova vida é a vida *real* — ainda que invisível aos espectadores — com Cristo em Deus. *Ele* é a vida de vocês. Quando Cristo, a verdadeira vida, aparecer de novo na terra, o ser verdadeiro e glorioso de vocês vai se manifestar também.
> (Colossenses 3.3,4, *A Mensagem*)

E depois, um dia, tudo será perfeito outra vez, assim como no princípio:

> Mas a vida que temos é muito melhor. Somos cidadãos dos altos céus! Esperamos a vinda do Salvador, o Senhor Jesus Cristo, que transformará nosso corpo terrestre em corpo glorioso, como o dele. Ele nos fará belos e perfeitos com o mesmo poder que deixa tudo como deve ser, em toda parte (Filipenses 3.20,21, *A Mensagem*).

Escolha a vida e Cristo! Dê pausa, se necessário, para fazer a escolha certa, mas não pule cenas ou deixe a vida passar como se nada fosse acontecer no futuro. As dificuldades podem nos levar a ter uma vida mais completa e plena com Cristo.

Afinal, viver sempre será melhor que morrer!

Imagine por toda a eternidade...

Nosso Salvador Jesus generosamente nos deu nova vida. O dom de Deus restaurou nosso relacionamento com ele e nos devolveu a vida. E ainda há mais vida por vir — uma eternidade de vida! Podem contar com isso.
(Tito 3.6,7, *A Mensagem*)

Parte 3

O pecado e o passado — os vilões para o novo significado

Capítulo 5
FLORES PARA VOCÊ

Quando pensei em escrever este capítulo foi por lembrar que sempre precisamos avaliar as estações da vida nas quais vivenciamos experiências de conflitos internos, ou desafios relacionados ao nosso caráter. Sempre se trata de algo em nós que desagrada a Deus, algo que parece ser simples, mas que fere a natureza de Deus em nós.

Nessas situações de rotina, é nítido que Deus quer mudar a nossa forma de pensar, de agir, de ser. Tudo se resume apenas ao nosso relacionamento com Deus e à ação dele em nós.

Faremos aqui uma abordagem sobre erros pessoais, não sobre fracassos, porque, ainda que tenhamos dificuldades em algumas áreas da nossa vida, acredito que Deus sempre nos conduzirá em triunfo, tratando as nossas falhas para que cheguemos à estatura que ele deseja para nós, que é crescer de glória em glória.

Afinal, Deus tem prazer em consertar as coisas, principalmente em se tratando de nós. Ele gosta de corrigir as linhas tortas e as tortuosidades do nosso caráter, deixando-as alinhadas e em sintonia, como se nunca tivessem estado de outra forma.

> O negócio de Deus é consertar as coisas: seu prazer é endireitar linhas tortas — É nos endireitar. E, uma vez em pé, poderemos olhar para ele — olho no olho.
> (Salmos 11.7, *A Mensagem*)

Muitas vezes, não compartilhamos com pessoas as angústias que, vez ou outra, nos invadem o coração. Quando o fazemos, os amigos do coração nos impulsionam a ser uma pessoa melhor, mais pura, mais santa, vencedora, firme e fiel a Deus. Em outros casos, vivenciamos com Deus, num relacionamento de amor entre Pai e filho, o que nos faz ser homens e mulheres mais humildes, pessoas mais sábias, mais conhecedoras da graça dele, mais misericordiosas, mais amáveis, mais dependentes.

Falar sobre essas situações é despojar-se da imagem de perfeição, é revestir-se da identidade de criatura resgatada por Deus, que está em processo de transformação contínua. É abrir a alma e dizer que nada depende de nós mesmos porque, na verdade, sem ele e sua misericórdia, seríamos consumidos, "pois todos pecaram e estão destituídos da glória de Deus" (Romanos 3.23).

Para mim, isso é ter a coragem de dizer que sou falha, que sobre mim repousa a identidade recriada pelo amor de Jesus, é entender que não sou perfeita, mas que posso, e preciso, ser aperfeiçoada em Cristo:

> Não que eu já tenha obtido tudo isso ou tenha sido aperfeiçoado, mas prossigo para alcançá-lo, pois para isso também fui alcançado por Cristo Jesus (Filipenses 3.12).

Todos os nossos processos de transformação de caráter, com certeza, foram, são e serão momentos desafiadores para nós mesmos, principalmente quando levamos no coração os conceitos da Palavra de Deus. Ao deparar com situações quando é preciso reconhecer uma falha de caráter ou necessidade de transformação, surge um desafio.

Em geral, o que mais nos incomoda ao sermos confrontados é a mistura de sentimentos e pensamentos que nos envolvem por dado comportamento e como somos desafiados por Deus em saber qual é a vontade perfeita dele. Tenho a convicção de que cada um de nós já lutou com o Espírito de Deus em nós, o que resultou em um divisor de águas na nossa vida!

Em muitos desses processos, oramos, jejuamos e parece que nada se move dentro do nosso coração em direção às mudanças que se fazem indispensáveis e inadiáveis. Ao estar na presença de Deus, sentimos toda a convicção necessária para permanecer no propósito dele, mas, pouco tempo depois, estamos novamente lutando contra os nossos sentimentos, pensamentos, projetos e desejos pessoais. Faço minhas as palavras do apóstolo Paulo:

> Porque bem sabemos que a lei é espiritual; mas eu sou carnal, vendido sob o pecado. Porque o que faço não o aprovo; pois o que quero isso não faço, mas o que aborreço isso faço (Romanos 7.14,15, *Almeida Corrigida Fiel*).

Mesmo sabendo que temos uma natureza recriada em Cristo, muitas vezes escolhemos viver como se fôssemos ainda parte da velha natureza. Temos o conhecimento do que é certo, do que devemos fazer, mas relutamos e cedemos aos desejos do nosso coração, mesmo quando estão em desacordo com a vontade de Deus.

Não raramente, vivemos em um ciclo um tanto vicioso de propósito-proposta-propósito. Nas lutas pessoais, ouvimos o nosso eu e rapidamente queremos viver o que a nossa alma nos diz. Em seguida, porém, ouvimos a voz de Deus em nosso interior, fazendo-nos entender que o propósito de Deus para a vida é muito maior do que o que nos propusemos.

> Às vezes, seguimos as propostas da nossa alma, pois parecem tão felizes, tão mais chamativas que o propósito de Deus para nós.

Desse modo, dias, meses e até anos se passam, nos quais vivenciamos lutas internas que nos fazem sofrer, crescer e depender mais de Deus.

Na verdade, todos nós, em algum momento, área ou circunstância, passamos por momentos assim. Até porque não estou aqui falando de pecados "pequenos ou grandes", pois esse conceito não existe para Deus. Refiro-me a qualquer erro de alvo, pois pecado é errar o alvo, é sair do propósito que Deus criou para a vida, é perder o foco, até mesmo tentar fazer "coisas boas" que não foram designadas por Deus.

Refiro-me a coisas pequenas ou grandes da nossa vida que precisam ser transformadas, arrancadas do nosso eu, mas cujo processo é doloroso. Muitas delas podem ter consequências morais desastrosas, ou podem parecer pequenas, mas se tornam gigantes para nós.

É o caso, por exemplo, do assassinato de pessoas em nosso coração (podemos, literalmente, "matar" pessoas dentro de nós mesmos quando não as perdoamos ou deixamos de amá-las), do adultério físico ou de pensamento, do roubo físico de objetos ou do roubo emocional (quando se rouba o sonho do outro), da inveja, da murmuração, da mentira (às vezes, tão "pequenas"...), da cobiça (tão "inofensiva"), do orgulho e de tantos outros pecados.

Você e eu provavelmente estaremos sempre na busca incessante da ajuda do Espírito Santo. Apesar de todo conflito interno em determinadas situações, quando a presença dele é real dentro de nós, pelo conhecimento da Palavra de Deus, há uma grande diferença. No entanto, a busca de alívio para a alma, quando esta se abate, traz angústia e desespero.

Em todas as lutas travadas com o nosso caráter, mesmo quando há uma decisão no nosso coração de caminhar em direção ao propósito de Deus, a nossa alma, vez ou outra, nos propõe algo como remédio para aliviar a dor, para trazer segurança, para afirmar a nossa identidade, sem se dar conta de que o que de fato precisamos é da presença de Deus para nos fazer felizes e de Cristo como a fonte de felicidade.

Não sei explicar por quantas batalhas passamos, quanto tempo durou cada uma delas, nem sei quantas virão pela frente, mas geralmente se tornam muito desgastantes. A verdade é que as lutas internas nos roubam a alegria, a energia e a paz.

Sofremos demasiadamente com situações específicas na nossa vida porque sabemos que o NÃO de Deus é muito claro para nós.

Certa vez, depois de meditar sobre essas coisas e vivenciar um tempo de entrega a Deus e de maior busca por sua presença, ouvi a doce voz do Espírito Santo, que me dizia: "Filha, tenho flores para você!".

Quando a sua vida é pautada pela Palavra de Deus, não significa que você não cometerá erros, mas, sim, que o seu erro será sinalizado por todas as verdades que existem nas Escrituras direcionadas a você. Independentemente da distância entre você e a vontade perfeita de Deus, o temor ao Senhor o levará a não continuar nesse caminho porque a voz dele estará ecoando aí dentro, dizendo-lhe que a única coisa que você necessita, de verdade, é viver para que o propósito de Deus se cumpra na sua vida; afinal, a verdade é que a vontade dele é boa, perfeita e agradável. No entanto, acreditar nessa verdade, render-se a ela, é o maior desafio que a nossa alma enfrenta.

Deus me mostrou naquela ocasião que me render ao meu coração, aos meus sentimentos ou ao que a minha alma deseja em determinados momentos pode me levar a ser semelhante a um canteiro cercado de espinhos. Pude ver que as lutas vivenciadas no plano emocional, em dados momentos, acabam sufocando a nossa beleza interior, a nossa paz, a nossa alegria, os nossos sonhos.

Viver segundo os parâmetros da alma aumenta o ego e traz satisfações momentâneas que parecem eternas, cujas marcas reverberam dentro do indivíduo e o deixam sufocado como se estivesse vivendo entre espinhos; com o mais simples movimento, sai machucado, causando danos a outros e a si mesmo, porque os espinhos nascem pela insensatez da alma e ferem em primeiro lugar a própria pessoa.

Ao me dizer aquelas palavras naquele dia, Deus me fez sentir que, à medida que a alma se submete ao propósito divino, os espinhos são retirados um a um, pouco a pouco.

Pensei em um canteiro de rosas que tinha na minha casa e que eu gostava de ver. A lembrança da experiência de pegar nas rosas e de um pequeno espinho que entrou no meu dedo foi marcante. Lembrei-me de que não consegui retirar o espinho no momento em que ele penetrou na minha pele, a ponto de eu mal poder tocar o local. A dor era latente.

Como médica, eu sabia que precisava retirar o espinho e foi o que fiz com o devido material descartável. A inflamação poderia ter piorado e se complicado se eu tivesse mantido aquele corpo estranho em mim. Embora doesse muito, era o momento de retirá-lo. O resultado? Aquele miniprocedimento causou uma dor maior ainda, mas era necessário, porque o espinho não me pertencia. Não fazia parte da minha vida!

A retirada de um espinho da carne causa um sangramento momentâneo e, como eu disse, causa uma dor aparentemente maior que mantê-lo ali, mas a sua retirada é imprescindível porque, caso contrário, a dor será crônica e se instalará no local para sempre. Mesmo que um processo cicatricial se instale ao redor do espinho, basta um leve toque para que a dor volte a se manifestar.

Ouvir Deus falar sobre flores trouxe esperança ao meu coração para transmitir esperança aos outros. Os espinhos que a nossa própria alma espeta em nós nos levam a uma situação de sufocamento, e sua permanência em nós trará as consequências relacionadas a um corpo estranho: inflamação e dor.

> Permanecer com espinhos cravados na alma impedirá que as flores brotem em nós, porque os espinhos sufocarão as flores.

É necessária a decisão de arrancá-los, porque não sairão por conta própria. Portanto, ao arrancá-los, você sentirá dor e sangramento, mas permitirá que tenha uma alma saudável, com algumas cicatrizes, mas com acesso às flores que Deus fará brotar na sua vida.

Muitas coisas boas deixam de acontecer conosco porque demoramos para arrancar os espinhos adicionados à nossa alma.

Sabe o que penso nesses momentos? Hoje, quando estou em qualquer processo de decisão entre a minha vontade e a vontade de

Deus, lembro-me exatamente do que Paulo disse em sua primeira epístola aos Coríntios:

> Sendo assim, não corro como quem corre sem alvo e não luto como quem esmurra o ar. Mas esmurro o meu corpo e faço dele meu escravo, para que, depois de ter pregado aos outros, eu mesmo não venha a ser reprovado (1Coríntios 9.26,27).

Diante da perspectiva de conflitos na alma, ou de circunstâncias que provam o nosso caráter e que desnudam as nossas intenções, revelando quem somos e do que a nossa natureza carnal pode fazer, devemos nos apropriar da identidade de Jesus em nós.

> Quando você tiver dúvidas sobre certas decisões da vida, pare e pense em quem você não quer ser e aonde não quer chegar. Este será um bom começo para definir quem você será e a qual destino chegará.

Para isso, é preciso avaliar a nossa identidade. Por onde começamos?

Comece reconhecendo.

Reconheça os seus erros e as áreas frágeis do seu caráter. Reconheça-os e confesse-os a Deus. Somos humanos, por isso certamente falharemos, mas "Se confessarmos os nossos pecados, ele é fiel e justo para perdoar os nossos pecados e nos purificar de toda injustiça" (1João 1.9).

Precisamos, então, confessar as nossas fraquezas a Deus; afinal, somente a confissão dos nossos erros fará que sejamos perdoados. Rasgue o seu coração para Deus. Ele quer ouvir isso de você, porque reconhecer as próprias fraquezas é sinal de que dependemos dele, não de nós mesmos.

**Ajoelhe-se com o coração e eleve
a sua face em direção a Deus.**

Clame a ele por misericórdia, reconheça a sua fraqueza humana, chore, renda-se a ele, diminua para que ele cresça. Lembre-se da palavra do profeta Isaías que se tornou canção na década de 2000:

> Eu quero ser como um jardim fechado, regado e cuidado pelo teu Espírito. Flua em mim como um manancial do meu interior com águas vivas, restaura o meu ser, para o teu louvor (*Manancial*, Diante do Trono).

Em Isaías 58.11, lemos: "O Senhor o guiará constantemente; satisfará os seus desejos numa terra ressequida pelo sol e fortalecerá os seus ossos. Você será como um jardim bem regado, como uma fonte cujas águas nunca faltam".

Existem duas personagens na Bíblia que, a meu ver, são paralelas e identificam as atitudes que podemos ter diante das nossas fraquezas: o fariseu e o publicano.

O fariseu representa o conhecedor da doutrina judaica, aquele que conhecia toda a teoria sobre Deus, mas que vivia pela perspectiva da religiosidade; não reconhecia as próprias fraquezas, condenava os outros, autojustificava-se e ainda foi chamado de hipócrita pelo próprio Jesus.

O publicano era o cobrador de impostos do Império Romano, homem mau e pecador. No entanto, ao se encontrar com Jesus, humilhou-se, confessou os próprios pecados e se arrependeu. O publicano representa a condição do homem transgressor que, ao se encontrar com o Mestre, rende-se, confessa os seus pecados e recebe o perdão.

O coração do publicano é representativo do nosso coração. O publicano me representa e deveria representar você. Uma figura que, ao deparar com os próprios erros e fraquezas, clama ao Pai por misericórdia e vive longe da perspectiva da religiosidade do farisaísmo.

Arrependa-se.

Tenha a capacidade dada por Deus de tomar um novo rumo e mudar de rota. Por nós mesmos é difícil, até mesmo impossível, mas o Espírito Santo de Deus nos capacita a trilhar um caminho novo. Ele nos habilita e fortalece na jornada e estará ao nosso lado, a cada passo e nova decisão, para mudar de rumo.

Erga-se.

Levante-se de fato. O seu destino nunca será o chão ou a queda, mas o triunfo. A vitória está relacionada ao seu próprio eu. O Espírito Santo o ajuda a ficar de pé e continuar a jornada.

> O Senhor firma os passos de um homem,
> quando a conduta deste o agrada;
> ainda que tropece, não cairá, pois o Senhor
> o toma pela mão. (Salmos 37.23,24)

Lave-se por meio da Palavra de Deus.

A Palavra nos limpa, purifica e nos renova. A Palavra de Deus é a verdade absoluta para cada circunstância da vida, para cada mentira cravada na nossa alma. Para cada erro, é o caminho do acerto; para cada queda, é o suporte para levantar o abatido; para cada sujeira, é a "lavagem" necessária; para cada necessidade da alma, é o sustento.

Deixe a Palavra de Deus permear o seu coração e fazer brotar no seu ser as flores que estão destinadas ao jardim do seu coração.

Viva em novidade de vida.

O segredo para continuar a jornada é viver uma vida nova a cada dia. É seguir em frente. É não deixar a vida velha renascer. É viver em novidade de vida.

Todos os dias, precisamos fazer escolhas que mudem nosso destino. Nossas decisões diárias devem estar baseadas na certeza de que, com Cristo e a ajuda do Espírito Santo, isso é possível.

> De sorte que fomos sepultados com ele pelo batismo na morte; para que, como Cristo foi ressuscitado dentre os mortos, pela glória do Pai, assim andemos nós também em novidade de vida. (Romanos 6.4, *Almeida Corrigida Fiel*)

Há flores para você!

Dar um novo significado à vida no momento da queda é levantar-se com o olhar fixo na cruz. É fazer que as marcas de espinhos que Jesus teve na cabeça tenham servido também para fazer brotar flores em nós.

Afinal, o túmulo está vazio. As marcas da morte saíram de lá, e hoje existe vida. As flores podem brotar nos lugares mais sombrios do nosso coração, nos locais marcados pela dor do nosso pecado.

O girassol é uma planta originária da América do Norte, também conhecida por "flor do sol". Possui a característica de ser heliotrópica, ou seja, seu caule sempre gira em direção à luz solar.

Dar um novo significado à vida é saber que os espinhos precisam ser arrancados da sua vida e que, mesmo com sangramentos inevitáveis, a alegria, o colorido, o perfume e a beleza das flores brotarão em você!

Eu já tive algumas flores dessas no jardim da minha antiga casa. Eram imponentes e magníficas. Realmente se posicionam em direção ao astro rei. Buscam essa luz de forma incessante, mudando de posição em busca da luz solar e virando-se contra a sombra ou contra uma zona escura. Quando não há luz solar, perdem a postura, o esplendor, a beleza, podendo chegar a morrer.

Acredito que, além de Deus querer fazer brotar flores no lugar das nossas fraquezas, estas terão o costume de buscar a luz do Sol da justiça, virando-se contra toda e qualquer zona sombria que nos circunda. De igual modo, após tais circunstâncias, estaremos ávidos pelo calor, pela luminosidade, pela vida, pela cura que o Sol da justiça nos dá. Assim, nos voltaremos em direção à sua luz. Pela manhã, teremos novo vigor, nos levantaremos contra o mal, e este não nos afetará, desde que os nossos olhos estejam postos na luz, ainda que estejamos rodeados por zonas de escuridão.

> "Mas, para vocês que reverenciam o meu nome,
> o sol da justiça se levantará trazendo cura em suas asas."
> (Malaquias 4.2a)

Esse será um processo contínuo na nossa vida. Sempre surgirão situações para provar o nosso caráter e oportunidades de transformação até que cheguemos ao pleno conhecimento da verdade. Estamos em obras! Uns, com mais velocidade; outros, com mais profundidade; alguns, mais silenciosos; ainda outros, com mais intensidade... Cada um tem uma história!

O certo é que todos, sem exceção, precisamos arrancar espinhos de

> Dar um novo significado à vida quando existem áreas sombrias no nosso caráter é olhar para o Sol da justiça em todo o fulgor do meio-dia, esquecendo-se das zonas sem luz e permitindo que a cura nasça no nosso coração.

algumas áreas do coração, passar por processos de cura, para, assim, florescer.

Não deixe que as quedas e as fraquezas definam a sua história. Elas é que fazem você suficientemente forte para alcançar a vitória. Se há chão para você cair, é nele que você encontra apoio para se levantar. Você se levanta, sobe de nível e continua em frente.

Entenda que você pode começar outra vez, vencer as fraquezas e ser um vencedor!

Lembre-se de que Jesus veio buscar homens pecadores, não o pecado dos homens.

Da próxima vez, parta para a jornada seguro de que vai vencer!

Saia da sombra, porque o sol brilha! Você vai florescer!

Capítulo 6
MODO "ESTÁTUA" DESATIVADO

Já percebeu que existem momentos quando ficamos paralisados? Algumas circunstâncias vividas nos põem em tamanhos apertos que acabamos paralisados no tempo e no espaço. É como se a vida ao redor caminhasse com toda a velocidade, mas estivéssemos estagnados. O que mais nos assusta é o fato de não nos sentirmos hábeis para prosseguir, algo como se o modo "Estátua" estivesse ativado e avançar parecesse uma missão impossível.

Existe uma história da Bíblia que é um grande ensinamento de que não devemos ficar paralisados diante das circunstâncias difíceis da vida. A história de Ló e da sua mulher.

A Bíblia nos diz que Ló, sobrinho de Abraão, saiu da terra de Ur dos caldeus, com a sua própria família e a família de Abraão. Abraão saiu da sua terra natal para atender ao chamado que Deus lhe fizera de ir para uma terra prometida.

As famílias caminharam juntas e foram prósperas; tinham muitos pertences e animais; eram ricos. No entanto, os pastores de Abraão começaram a brigar com os pastores de Ló, o que levou ambos a separar-se para acabar com a contenda:

> "Aí está a terra inteira diante de você. Vamos separar-nos. Se você for para a esquerda, irei para a direita; se for para a direita, irei para a esquerda".
> Olhou então Ló e viu todo o vale do Jordão, todo ele bem irrigado, até Zoar; era como o jardim do SENHOR, como a terra do Egito. Isto se deu antes de o SENHOR destruir Sodoma e Gomorra. Ló escolheu todo o vale do Jordão e partiu em direção ao leste. Assim os dois se separaram (Gênesis 13.9-11).

Esse texto é marcante porque a Bíblia diz que Ló levantou os olhos e "viu". A decisão de Ló foi tomada com base no que ele avistara das circunstâncias, decidindo ir para o vale do Jordão, perto de Sodoma e Gomorra, onde habitava um povo mau, motivo pelo qual posteriormente as cidades seriam destruídas.

Nunca devemos tomar decisões com base naquilo que apenas os nossos olhos podem captar. Os olhos naturais podem nos levar a caminhos paralisantes. Lembremos que as aparências enganam.

Como diz o antigo ditado, "a grama do vizinho sempre parece mais verde".

Muitas podem ser as ocasiões nas quais observamos terrenos com uma aparência bonita. Não conhecemos as peculiaridades deles e comparamos sua produtividade aparente com muitas infertilidades reais de nossa vida, mas eles na realidade são inférteis. Em outras palavras, aquilo que nos paralisa nos impede de mover e sair do lugar.

É PRECISO ORAR SEM CESSAR

A aparente escolha sábia de Ló iria levá-lo para tempos de destruição. Para Abraão, entretanto, seria o cumprimento da promessa de Deus. Tudo fruto da escolha de ambos.

Em uma das conversas de Deus com Abraão, Deus lhe disse o que faria com Sodoma e Gomorra. O relacionamento que Deus tinha com Abraão fez que Deus lhe revelasse o que estava prestes a acontecer. Deus disse que não esconderia de Abraão os segredos dele porque o havia escolhido.

O que Ló não sabia era que as suas próprias escolhas e a falta de relacionamento com Deus mudariam todo o curso da sua história. Mesmo assim, a comunhão de Abraão com Deus foi um benefício para a vida de Ló.

Deus escolheu você e não esconderá de você os segredos dele. Para isso, é preciso ter um relacionamento íntimo com o Pai, a fim de que conheça o segredo de Deus para a sua vida. Há momentos em que a única coisa que precisamos é de intimidade com o Senhor; é quando, então, temos acesso a um tesouro inimaginável que enriquecerá a nossa caminhada e que nos levará a sair da paralisia.

> O SENHOR confia os seus segredos aos que o temem, e os leva a conhecer a sua aliança. (Salmos 25.14)

Abraão aproveitou esse relacionamento com Deus para interceder pela vida de Ló, o seu sobrinho, porque Deus havia decretado a destruição da terra onde Ló morava.

Dessa forma, Abraão trouxe um novo significado para a vida de Ló por meio da intercessão, ao permanecer na presença de Deus, porque tinha intimidade com ele, o que lhe permitiu perguntar a Deus se ele destruiria os justos que moravam na cidade, entre os quais Ló, junto com os ímpios.

> Abraão aproximou-se dele e disse:
> "Exterminarás o justo com o ímpio?" (Gênesis 18.23).

Ló era um homem justo, mas isso não o impediu de viver situações difíceis de destruição e injustiça. Da mesma forma, nós também podemos passar por destruição no nosso casamento, nos nossos sonhos, projetos e sentimentos. Em qual área da sua vida você está vivendo um processo de destruição?

É certo que, assim como Deus não tratou Ló como o fez com os ímpios, Deus tampouco nos tratará da mesma forma. As situações difíceis ocorrem para que, nós, os justos do Senhor, possamos, assim como Abraão, desenvolver um relacionamento íntimo com Deus em vez de nos tornarmos paralisados pelas circunstâncias.

Desenvolver uma vida de oração e de relacionamento com Deus é o motor propulsor que nos faz avançar nos momentos difíceis. É o fator que nos livra da destruição. Essa é a grande diferença entre a vida do justo e a do ímpio; de quem busca a Deus e daquele que não o busca.

> Então vocês verão novamente a diferença entre
> o justo e o ímpio, entre os que servem a Deus
> e os que não o servem. (Malaquias 3.18)

Todos nós passaremos por tempos difíceis e por processos dolorosos; a grande diferença está no resultado dos processos, pois aqueles que se relacionam com Deus passam por processos para cumprir os propósitos de Deus.

A Bíblia diz que há tempo para todo propósito neste mundo, mas o segredo nunca estará no tempo, e sim em descobrir o propósito! Ter um relacionamento com Deus nos faz deixar de focar o fator tempo para alcançar os propósitos de Deus, porque ele nos revela os seus segredos.

Diante das nossas impossibilidades, apenas a oração nos fará ter acesso às possibilidades, simplesmente porque a oração tem o poder de pôr a vida em movimento.

Dar um novo significado à vida é nunca desistir, nem deixar que as circunstâncias nos paralisem. É exercitar-se em oração a fim de receber forças para continuar a jornada e influenciar os que estão ao redor. É não permitir ser transformados em estátuas ambulantes enrijecidas pelos solos duros e destrutivos em que habitam. A oração ajuda a virar a chave do modo "Estátua", desativando-o da nossa vida.

Lembre-se, quando você pensar que não há mais o que fazer, ainda resta muito a fazer: orar, orar e orar! "A oração de um justo é poderosa e eficaz" (Tiago 5.16b).

A oração é a menor distância entre os seus sonhos e a realização deles, apresentando ao Pai tudo o que não somos, tudo o que somos e tudo o que pensamos que podemos ser nas mãos daquele que pode nos tornar quem fomos criados para ser.

Somente por meio de uma vida de oração podemos sair das nossas dificuldades da forma certa, vivendo o melhor que Deus tem para nós, e somente por meio dela é que mudamos as circunstâncias da nossa vida, saindo de onde estamos para ser conduzidos por Deus aonde ele nos deseja levar.

PARA NÃO PERECER, É PRECISO LEVANTAR-SE

> Ao amanhecer, apertaram os anjos com Ló, dizendo: Levanta-te, toma tua mulher e tuas duas filhas, que aqui se encontram, para que não pereças no castigo da cidade. (Gênesis 19.15, *Almeida Revista e Atualizada*)

Havia um decreto para as cidades de Sodoma e Gomorra. A intercessão de Abraão moveu o coração de Deus para que Ló e sua família fossem salvos da destruição; a vida da família foi preservada, mas, mesmo assim, Deus enviou anjos com a determinação clara de destruir Sodoma e Gomorra.

Existem determinadas situações na nossa vida nas quais a oração e a comunhão com Deus são indispensáveis, mas algo mais precisa acontecer. Isso ocorre porque é necessário tomar a atitude de sair do lugar e se movimentar!

É inspiradora a fala do anjo que se apresentou a Ló: "Levanta-te!".

Levante-se!

Talvez você precise levantar a cabeça, levantar os olhos, a autoestima, mover o coração para o nível que Deus deseja, levantar a bandeira de Jesus na sua vida, levantar-se dessa dificuldade que o atormenta e o impede de sair do lugar.

Em qual área da sua vida você precisa tomar a decisão de se mover?

O seu casamento está falido? Há rupturas na sua casa? Nos seus relacionamentos? Você se sente fracassado? Enfrenta doença? Abuso? Maus-tratos? Traição? Abandono? Vícios? Você deseja sair desse círculo decadente?

Existem momentos em que a paralisia nos fará sucumbir. É preciso mudar de atitude e tomar uma atitude. Você não pode ficar parado! Movimente-se! Levante-se!

A simples atitude de movimentar-se quebra o ciclo da paralisia: "Levante-se, refulja! Porque chegou a sua luz, e a glória do Senhor raia sobre você" (Isaías 60.1).

A mudança de atitude diante dos desafios define o resultado que obteremos e a velocidade com que iremos alcançá-lo! Às vezes, precisamos apenas de uma decisão para a mudança!

> Dar um novo significado à vida é ter coragem de mudar. É levantar-se. É fazer o esforço máximo e indispensável para mudar o rumo que as circunstâncias têm dado à nossa história e não permitir simplesmente que a vida nos leve sem direção, mas ser capazes de nos tornar o piloto dela. É tomar as rédeas como um cavaleiro toma o controle de um cavalo, é tirar a âncora que tem fincado a nossa vida no passado e pegar o cabo da nau, navegar e conduzir a vida rumo ao destino proposto por Deus.

O LIVRAMENTO VAI CHEGAR

Tendo ele hesitado, os homens o agarraram pela mão, como também a mulher e as duas filhas, e os tiraram dali à força e os deixaram fora da cidade, porque o Senhor teve misericórdia deles. (Gênesis 19.16)

Em meio ao conflito, Ló, vendo que tinha de abandonar o passado, hesitou a ponto de ter sido arrastado pelo Senhor para fora daquele lugar.

Imagino que, por instantes, Ló chegou a pensar em tudo o que tinha naquele lugar. Como deve ter sido difícil para ele romper com essa realidade, deixando tudo para trás, a fim de ser salvo da destruição!

As rupturas sempre fragmentam algo mais do que a superfície! Fragmentam o coração, as emoções, os sentimentos, o estilo de vida. Existe um luto em toda ruptura; um tempo de dor. Romper com pessoas, relacionamentos, estruturas significa, muitas vezes, romper com o nosso próprio desejo e com o nosso eu. É morrer para nós mesmos, para vivermos algo maior, vindo de Deus.

O mais importante é compreender que dor maior sentiremos se o nosso passado nos encaminhar para uma vida de destruição se não conseguirmos romper com ele. Existem situações que nos levam para caminhos de morte, que nos prendem de tal forma que hesitamos em romper com ele, mesmo sabendo que, por causa disso, a destruição nos aguarda.

> Quando você hesitar, não se culpe. A misericórdia do Senhor continuará ao seu lado!

A vida nem sempre é fácil, nem sempre tem as cores vibrantes e o rosto sorridente das mídias sociais. São muitas as realidades de dor escondidas por trás de fotos bonitas.

Então, nós hesitamos.

Olhar para esse detalhe da história de Ló, nos faz sentir mais humanos, sabendo que nos momentos de hesitação a misericórdia do Senhor continuará do nosso lado, fortalecendo-nos e ajudando-nos a abandonar os caminhos de destruição e ruína.

O Senhor pegará na sua mão.

Ele vai segurar firme!

Ele não soltará você.

Ele o porá num lugar seguro.

O Senhor não espera que você seja tão firme a ponto de não hesitar, mas, sim, espera que, ao hesitar, você reconheça que a misericórdia dele estará ao seu lado e que você dependa dele. Ele mesmo o ajudará a estar seguro.

Deus nunca nos permitirá chegar a uma situação ou lugar em que a sua misericórdia não nos possa alcançar!

> Dar um novo significado à vida é ser capaz de reconhecer as próprias fragilidades e, nos momentos de medo, prosseguir, olhando para Deus, tendo a certeza de que ele estará conosco sempre, nos dias bons e nos maus. É saber que nos dias em que não conseguimos nos mover, por causa da dúvida ou do medo, ele não medirá esforços para nos livrar, pois a misericórdia dele nos alcançará.

ESQUEÇA O PASSADO E OLHE PARA O FUTURO

Ló, a esposa e as filhas foram retirados por Deus da cidade em vias de ser destruída. Em meio a todo medo e desespero da situação, chegaram a um lugar seguro, mas algo deu errado. A mulher de Ló olhou para trás.

Existia um decreto do anjo do Senhor para que não fizessem isso! Para que não olhassem para trás. Por causa da desobediência, a mulher de Ló foi transformada em uma estátua de sal.

Em primeiro lugar, não deviam olhar para trás porque isso significava perder o foco, ou seja, perder a visão! Quando temos um alvo a alcançar e somos levados a olhar para o passado com medo de seguir adiante, a nossa atenção deixa de estar alinhada com o que queremos alcançar simplesmente porque o nosso olhar mudou de foco e o que vemos passa a ser outra coisa, menos o destino previsto.

Os desvios, muitas vezes, acontecem no meio da jornada porque temos o desejo de voltar a ter ou sentir algo que ficou para trás, em um lugar que está vinculado às nossas emoções e lembranças.

Olhar para trás significa literalmente interrupção, parada, o que nos impede de prosseguir a jornada. Quando se pratica um esporte como correr, por exemplo, se a pessoa se vira para olhar para trás, naturalmente desacelera o ritmo e, não raro, precisa fazer uma parada para não tropeçar ou cair. É impossível prosseguir com o olhar fixo no lado oposto.

Da mesma forma, na vida não podemos seguir adiante se estamos paralisados ao olhar para trás, concentrados em mágoas e feridas de um tempo que já não existe.

O eco do passado abafa a voz do presente, tornando-nos surdos e incapazes de ouvir o som do futuro.

O passado deve ficar no lugar dele: lá trás! Veja que a mulher de Ló virou uma estátua...

O pior dessa história é que a mulher de Ló foi transformada em uma estátua não de ouro ou de outro metal, que duraria com o passar dos anos e que serviria de sinal para as gerações futuras. Ela virou uma estátua de sal!

> Olhar para o passado nos paralisa; olhar para o futuro nos movimenta!

Olhar para o passado é prender-se a situações, mágoas e decepções que ficaram para trás, e isso nos tornará em nada; transformará a nossa vida em algo incapaz de deixar um legado, porque a estátua de sal se desmanchará rapidamente com um pouco de vento ou água.

É bem provável que a chave esteja no perdão. Perdão para os nossos erros e fracassos por meio do reconhecimento de que, por nós mesmos, não somos capazes de obtê-lo, mas, sim, por meio de Jesus, que se ofereceu para que, em lugar de morte, recebêssemos vida e perdão.

Talvez o perdão esteja relacionado a outra pessoa. Perdoar os demais é fundamental se queremos tirar dos ombros e do coração o peso que nos faz olhar para trás e que nos acompanhará durante a trajetória, caso não sejamos capazes de largar essa mochila pelo caminho.

Também precisamos *nos* perdoar, porque a falta de misericórdia com nós mesmos nos colocará em uma posição que deveria ter deixado de ser uma possibilidade para nós, considerando que todos os pecados foram pagos e apagados na cruz pelo sangue de Cristo.

Durante o meu processo de separação, que durou quatro anos, como mencionei no capítulo 2, tive grandes gigantes a vencer.

O maior de todos os gigantes foi o meu próprio eu. Eu mesma nem sabia quanta coisa precisava mudar; cada dia, no entanto, ao mesmo tempo que vivenciava um período de destruição, tomei a decisão de perdoar o meu marido.

Durante esses quatro anos, houve uma primeira tentativa de volta para casa e uma segunda recaída. Não foi tão fácil assim! Mesmo assim, tomei a decisão de perdoá-lo. Orava com fé declarando essa verdade todos os dias em que sentia o meu coração ofendido com as atitudes do Pedro.

Certo dia, contudo, o Senhor ministrou ao meu coração que eu deveria perdoar a mulher que estava com ele. Como o leitor pode imaginar, não foi nada fácil abrir mão do meu orgulho ferido, fixar os olhos em Deus, olhar para a frente e deixar de ser arrastada pela força que me fazia olhar para trás.

Fitei os olhos em Cristo e decidi deixar no passado aquele passado não tão distante da minha vida. Passei a orar por ela, para que Deus a abençoasse, lhe desse uma linda família e eu pudesse viver sem um fantasma.

Decidi tomar essa atitude quando nem sequer existia um pedido de perdão e alguma esperança de mudança.

Eu percebi que tinha um alvo à frente. Não perdi meu foco. Continuei movendo-me em direção ao que Deus queria fazer em mim!

Quinze anos se passaram. Cada uma das minhas atitudes de romper com o passado por meio do ato de perdão foi construindo um futuro de esperança. Havia ganhado o amor da Aninha, a filha do meu marido, que também se tornou uma filha para mim.

A Aninha completava 15 anos de idade. Ao término de um jantar para celebrar o aniversário dela, sua mãe me chamou em um canto, junto com a Ana Íris.

Jamais me esquecerei dessa cena. Um pedido de perdão, em meio a lágrimas, saltou da boca da mãe da Ana: "Eu sei que Deus já me perdoou; já dobrei os meus joelhos e pedi perdão a Deus pelos meus atos, mas quero saber se você, Jacqueline, me perdoa".

Obviamente, minha resposta foi que eu já a havia perdoado, pois conseguir amar a Ana era fruto de uma decisão tomada muito tempo antes, em meio ao conflito que uma situação assim pode trazer à vida de uma pessoa. Quinze anos se passaram para que eu entendesse o poder da minha decisão.

Oramos juntas, as três. A Ana e as suas duas mães. Ali pude abençoá-la pessoalmente, como fazia nas minhas orações quando apenas eu e o meu Senhor estávamos presentes.

Hoje tenho respeito pela mãe da Ana e também gratidão. Agradeço a ela pela oportunidade de eu ser tão feliz por amar a sua filha, por ter a oportunidade de também ser mãe da Ana. Sou grata por ela ter compartilhado a sua filha comigo e por confiar em mim. Desde então, nos relacionamos de forma saudável, porque Deus pode fazer todas as coisas, até mesmo mudar as consequências do passado.

O perdão nos dá a capacidade de amar as pessoas. Se decidimos ficar imobilizados e presos como estátuas, isso se dá porque decidimos não perdoar. No entanto, não olhar para trás libera uma força propulsora que nos projeta para o futuro.

Como enfrento o meu passado no presente define como o meu futuro se abrirá para mim. A referência que imponho ao passado e a forma de lidar com ele me farão sobressair para um futuro melhor, se eu conseguir compreendê-lo e tratá-lo devidamente no presente.

Dar um novo significado à vida é ter a habilidade, dada por Cristo, de viver o que a Bíblia diz, porque em Cristo,

> Dar um novo significado à vida com relação às dores do passado é soltá-las e não olhar para elas; é não permitir que prendam a vida a um tempo que já se foi, mas, sim, ser lançados para o futuro. É estar livre para voar, para viver o que ainda virá, sem dores, sofrimento e lágrimas. É sepultar o passado para que o futuro possa nascer.

"As coisas antigas já passaram; eis que surgiram coisas novas!" (2Coríntios 5.17). As coisas velhas já passaram, mas olhar para trás faz que estas voltem à vida. Sepulte o que já está morto, pois o passado não existe mais.

Como está escrito:

> Irmãos, não penso que eu mesmo já o tenha alcançado, mas uma coisa faço: esquecendo-me das coisas que ficaram para trás e avançando para as que estão adiante, prossigo para o alvo, a fim de ganhar o prêmio do chamado celestial de Deus em Cristo Jesus (Filipenses 3.13,14).

Desative o seu modo "Estátua" e se esqueça do passado destrutivo. Há caminhos que somente nós podemos trilhar. Ninguém mais. Portanto, prossiga! Viva o presente e lembre-se de que o futuro espera por você!

Parte

4 Lentes distorcidas

Capítulo 7

MUDANDO A VISÃO

Gosto muito de analogias e penso que Jesus também gostava, porque os Evangelhos apresentam um grande número delas. Jesus sempre fazia uso de parábolas e comparações para ensinar a seus discípulos.

Em geral, procuro aproveitar cada situação e todos os princípios transformadores à disposição comparando-os com a minha própria experiência de vida e forma de pensar.

Sou médica oftalmologista e, durante os atendimentos de consultório, costumo esclarecer as dúvidas que surgem aos meus pacientes com o conhecimento técnico que tenho por meio de uma linguagem que lhes seja acessível. Sempre faço comparações entre a técnica e a prática, para que a linguagem técnica seja absorvida e compreendida da melhor forma.

Uso o mesmo processo quando leio a Bíblia ou quando dou uma palavra na igreja. Acredito que levar a mensagem no nível de todos facilita a compreensão e a aprendizagem. É o que faremos neste capítulo.

VISÃO 20/20 x CAMPO DE VISÃO

De forma resumida e prática, existem dois conceitos importantes com relação à visão, avaliados pelos oftalmologistas: quanto a pessoa é capaz de enxergar (quão bem pode ver, agudeza visual ou acuidade visual) e a amplitude do que enxerga (a visão de lateralidade, ou seja, o seu campo visual).

Em primeiro lugar, quando falamos de "quanto se enxerga", ou de "quão longe" se vê, ou quanto essa pessoa tem de acuidade visual, estamos nos referindo à questão de foco, de quão nítido a pessoa consegue ver.

Para avaliarmos quanto uma pessoa enxerga, utilizamos tabelas de mensuração da acuidade visual para medir a visão dos pacientes para longe e para perto.

É de rotina mensurar a visão dos pacientes como forma de diagnosticar doenças, ou de tratá-las, acompanhando tal evolução com o parâmetro de quanto o paciente vê, bem como observando se os pacientes normais permanecem com a acuidade visual normal durante a progressão do tempo e da idade. Por essa razão, sempre anotamos essa medida no prontuário dos pacientes a cada visita que fazem.

A questão da visão de longe, ou seja, o foco de longe, refere-se a quanto os nossos olhos são capazes de alcançar uma imagem a certa distância, aqui designada de "visão de alcance".

Quando falamos em medir a acuidade visual dos pacientes para longe, a tabela mais utilizada nos consultórios oftalmológicos se chama Tabela de Snellen. Acredito que todos nós, em algum momento da vida, já passamos por uma consulta oftalmológica. Caso contrário, prepare-se; basta chegar aos 40 anos de idade! Mesmo que você nunca tenha necessitado de acompanhamento oftalmológico, esse dia chegará, e você vai se lembrar do que estou dizendo.

Essa tabela apresenta linhas com letras de tamanhos e formatos variados, tendo como referência de visão normal a melhor visão da maior parte da população, que é citada como visão 20/20 (ou seja, visão 100%). Portanto, trata-se de uma regra, ou referência, da visão normal, baseada na melhor visão da população em geral.

Quando o paciente possui uma visão menor que a visão da população em geral, o denominador dessa fração de medida começa a aumentar, sinalizando uma redução dessa visão (por exemplo: 20/25, 20/30, 20/40, 20/60, 20/100 etc.).

Do mesmo modo, existem pacientes com visão muito superior à média da população, e o denominador da equação diminui, sinalizando que tal paciente possui um desenvolvimento visual mais aguçado que o normal (por exemplo: 20/15, 20/10).

Avaliar a visão de longe é muito importante porque diz respeito à capacidade visual de alcance de uma pessoa para enxergar uma imagem, ou seja, quão longe pode enxergar.

Para o conhecimento do leitor, nessa medição de foco de visão também se avalia a visão de perto, ou seja, se o paciente consegue ver uma imagem nitidamente a uma distância de 35-40 centímetros. Isso também é feito com o auxílio de uma tabela de leitura.

Os que já passaram por uma consulta oftalmológica lembram da saga: "Melhor esse ou este?"; "Melhor o primeiro ou o segundo?"; "Melhor antes ou agora?"; "Melhorou ou piorou?".

Nós, oftalmologistas, apresentamos lentes para tratar as deficiências visuais relacionadas com algum tipo de grau, como miopia, hipermetropia, astigmatismo e presbiopia. Sabemos que os pacientes ficam com muitas dúvidas nesse momento. A escolha da lente certa, muitas vezes, é difícil, mas uma boa orientação técnica e profissional do médico ajuda nesse processo.

A cada escolha duvidosa, ou quando percebemos que a visão do paciente não é perfeita (20/20), costumamos conduzi-lo à melhor escolha para que obtenha a melhor visão. Em nenhum momento, podemos escolher pelo paciente, mas o direcionamento tem como objetivo levá-lo a alcançar o alvo: enxergar perfeitamente.

Alguns pacientes, contudo, por não conseguirem definir qual lente deve ser escolhida e por não perceberem a real diferença entre elas, acabam tendo um tipo de embaçamento visual e não chegam a perceber que não atingem a visão perfeita de 20/20.

Isso me faz lembrar do que dizia um professor na época em que eu fazia residência médica: "Cada paciente tem a visão que escolhe". Ou seja, existem situações em que oferecemos as melhores lentes, mas o paciente não tem agudeza visual suficiente para diferenciar entre uma e outra. O resultado é que não obtém a melhor visão porque não sabe fazer a melhor escolha.

Em segundo lugar, para avaliarmos "quão amplo" uma pessoa enxerga, utilizamos o conceito de campo visual.

Para fazermos essa avaliação, lançamos mão de um exame especial chamado campimetria visual, que mede qual o ângulo de visão (central e lateral) que a pessoa vê, ou seja, até que ponto a pessoa enxerga pelas laterais.

Esse conceito de avaliação é muito importante porque o campo visual normal permite que as pessoas desenvolvam suas atividades diárias sem assumir riscos com os seus movimentos laterais.

Um campo visual comprometido pode atrapalhar o motorista de dirigir com segurança, fazer que a pessoa caminhe e tropece pelo fato de a amplitude da visão estar reduzida, bem como reduzir a capacidade laboral das pessoas em trabalho de risco.

De forma prática, enquanto a visão de longe mostra quanto o paciente alcança a imagem do objeto que está longe, o campo visual define a amplitude de visão do paciente, principalmente em relação à lateralidade, ou seja, quais objetos comporão a imagem final formada pelo funcionamento dos dois olhos em conjunto.

Uma das coisas que mais me apaixona na oftalmologia é a oportunidade de tratar pacientes que procuram ajuda por alguma patologia, quer um tipo de grau para óculos, quer catarata, por exemplo, e que, após a intervenção médica, recuperam a visão. Alegro-me com o fato de sermos instrumentos para devolver-lhes uma visão perfeita.

Este é o maior desejo e o maior desafio do oftalmologista: devolver a visão perfeita ao paciente.

Nessa história de analogias, imagino Deus.

De igual maneira, acredito que o maior desejo de Deus, assim como o do nosso oftalmologista, é que cada filho dele tenha uma visão perfeita sobre as coisas e o propósito divino.

O maior prazer de Deus é fazer que os filhos dele enxerguem bem. Além dos olhos físicos, somos dotados de olhos da alma e olhos espirituais. A grande questão é que, embora seja um desejo de Deus, também é um desafio. Ainda bem que Deus gosta de desafios!

Uma visão distorcida de quem somos, tanto emocional como espiritualmente, pode trazer sérios problemas para a nossa vida.

Enxergar 20/20 no aspecto emocional e no reino espiritual é entender a visão de Deus para nós. Mesmo quando a nossa vida estiver embaçada por lentes equivocadas, com algum tipo de dor e sem uma boa visão, Deus estará sempre ao nosso lado, oferecendo a perspectiva correta, embora a escolha seja sempre nossa. Ele não poderá escolher por nós, e essa é a parte do desafio.

Assim como os oftalmologistas não podem escolher pelos pacientes, Deus nunca poderá decidir por nós. Ele não pode definir que lente escolheremos e que visão teremos, porque é uma questão de escolha pessoal, que chamamos de livre-arbítrio.

O desejo de Deus é que as nossas escolhas sejam direcionadas pela sua Palavra, monitoradas por ela, transformadas por ela, e que, pouco a pouco, as lentes certas sejam interpostas no nosso caminho por meio de escolhas orientadas pelo Espírito Santo de Deus, para que, assim, atinjamos a visão perfeita.

É verdade que sempre haverá momentos que podem ser comparados com o exame oftalmológico, nos quais as lentes parecem fazer tão pouca diferença que não temos parâmetros para diferenciá-las. Sempre devemos lembrar que, a princípio, as lentes similares a escolher não farão diferença, e inicialmente não farão mesmo, mas, ao longo do tempo, perceberemos que a escolha equivocada nos levará a situações mais desafiadoras e difíceis, às vezes com sofrimento e dor, que as envolvidas no processo de escolha.

É importante lembrar que Deus estará ali ao nosso lado para nos orientar em cada decisão do caminho e da escolha a ser feita. Nunca estaremos sozinhos, mas ele nunca, nunca mesmo, decidirá por nós. A escolha sempre será nossa.

Vejo um Deus que nos ama e que não se cansa de nos ajudar a fazer as escolhas certas, que nos questiona ao longo da caminhada e nos orienta. Vejo um Deus que sempre oferece o melhor caminho, mesmo que seja similar a outro, porque o caminho de Deus sempre será o melhor. Vejo um Deus que, mesmo quando escolhemos os caminhos errados e estamos com a vista embaçada, está do nosso lado, falando conosco por meio do Espírito Santo e mostrando como podemos ter uma visão melhor e uma imagem mais bonita daquilo a que chamamos vida.

É prática da oftalmologia fazer um novo exame oftalmológico caso o paciente tenha escolhido as lentes equivocadas; quando finalmente ele se dá conta do erro, retorna ao consultório para recomeçar o processo de avaliação e novamente escolher as melhores lentes.

Com Deus também é assim, pois ele nos permite fazer um novo exame e nos permite tentar outra vez, examinando e provando o nosso coração, como disse o salmista: "Pois tu, ó Deus, nos submeteste à prova e nos refinaste como a prata" (Salmos 66.10).

Eu acredito em um Deus da segunda chance e da terceira também, bem como de todas as chances necessárias para alcançarmos a estatura de homens e mulheres perfeitos, capazes de enxergar perfeitamente o seu propósito. Desse modo, a cegueira de cada um será uma oportunidade para fazer uma nova escolha, e queira Deus que seja a escolha certa. Deus nunca deixará de estar ao nosso lado, mesmo nas escolhas erradas, mostrando-nos mais uma vez a lente certa a ser escolhida, e nos enchendo de paz nas escolhas certas. Ele nos dá inúmeras chances, quantas forem necessárias. Nesse processo, Deus nos enche de paz e segurança e celebra conosco as vitórias.

Deus quer nos dar uma visão de foco 20/20, uma visão de alcance máximo que consegue enxergar o propósito de Deus com clareza e nitidez, mesmo que esteja a distância.

Da mesma forma, Deus quer que tenhamos foco e uma imagem nítida do futuro a ser alcançado, uma vez que não deseja que nos desviemos do ponto de chegada.

Da mesma forma que os médicos se preocupam com o conceito de amplitude lateral, também Deus quer que observemos as coisas que estão ao nosso redor e que a nossa visão seja ampla.

Assim como precisamos ter visão de alcance, igualmente o que está ao nosso lado no caminho não nos pode impedir de chegar à meta proposta.

A perda de campo visual tem a ver com as coisas da vida que estão ao longo do nosso caminho, momentos, situações, pessoas, memórias, sentimentos, que nos limitam de alcançar nosso foco. Ou seja, as distrações que nos cercam e nos fazem perder nosso alvo.

O desejo de Deus é que cada um de nós não se atrapalhe com as coisas que encontra pelo caminho, com os cuidados da vida, com as emoções dolorosas, com os desejos da carne, com as paixões, com os problemas. Essas coisas podem nos atrapalhar e levar a perder a visão de alcance, fazendo-nos tropeçar, assim como tropeçam pacientes com perda de campo visual. Se não seguirmos essa orientação divina, chegaremos mais tarde ao nosso destino.

Estejamos alertas. Você sabia que dificilmente percebemos que o nosso campo lateral está atrapalhando a nossa visão? Da mesma forma, sabia que na vida, muitas vezes, não percebemos que o nosso envolvimento com o que está ao nosso redor nos faz cair, tropeçar, porque não discernimos bem com que ou com quem estamos nos envolvendo, a ponto de nos distrairmos no caminho?

Tenho a certeza de que, assim como Deus quer que tenhamos uma visão de alcance perfeita e um foco ajustado ao destino final, assim também quer que tenhamos muito discernimento para não nos distrairmos durante o caminho.

> Mantenha os olhos fixos à frente;
> não se distraia com coisas fúteis.
> Olhe sempre por onde anda,
> e que o chão onde pisar seja bem firme.
> (Provérbios 4.25,26, *A Mensagem*)

Já dizia o sábio Salomão que as distrações do caminho podem nos levar a desvios. Mire adiante.

O apóstolo Paulo nos alertou:

> Amigos, não me entendam mal: não me considero um especialista no assunto, mas olhando para o alvo, para onde Deus nos chama — para Jesus. Estou correndo e não vou voltar atrás. Assim, os interessados em tudo que Deus tem para nós devem se manter focados no alvo. Se algum de vocês tem outra coisa em mente, algo menos que um compromisso total, Deus vai clarear a vista embaçada de vocês — e vocês vão enxergar! (Filipenses 3.14-16, *A Mensagem*).

Minha analogia faz sentido!

Esteja atento. Deixe que Deus desembace a sua visão para o seu próprio bem!

Capítulo 8
A MIOPIA DA ALMA

A miopia é um distúrbio visual em que os olhos de uma pessoa formam imagens distorcidas da imagem que está distante. O olho geralmente tem um comprimento maior que o normal, a imagem não se forma no local certo do olho (a retina, que é parte do olho que processa a informação luminosa), sendo formada antes da retina, o que gera um borramento visual para longe.

A miopia também é conhecida como "vista curta".

Na intenção de ver melhor, a pessoa aperta os olhos na tentativa de excluir as distorções e conseguir enxergar o que está longe de seu alcance. Dependendo da quantidade do grau, a pessoa vê mais ou menos borrado.

Esses pacientes precisam de lentes corretivas que ajustem o foco para longe. As lentes conseguem mexer na estrutura de formação da imagem na retina, e a pessoa passa a ver bem.

Como uma pessoa pode ter uma miopia na alma?

As pessoas com "vista curta" somente podem visualizar o que está próximo delas. Elas olham tanto para as circunstâncias ao redor e focam as dificuldades do dia a dia que veem somente as barreiras que estão à sua frente. Por não enxergarem o futuro, que pode estar distante, tornam-se cheias de ansiedade. São pessoas que não têm visão de longo alcance.

A ansiedade é a miopia da alma! É a ansiedade que nos impede de enxergar o futuro com a visão certa.

De acordo com a *Enciclopédia Livre*, a ansiedade é o "sentimento de terror por eventos antecipados". Pode ser uma reação natural do corpo por expectativa apreensiva do que está por vir, e, se acontece de forma natural, passa a ser um mecanismo de sobrevivência para lidar com situações de perigo, mas pode se tornar uma doença quando é acentuada e interfere na vida cotidiana.

A interpretação equivocada do futuro é desproporcional. É o medo excessivo do futuro. A pessoa traz o futuro distorcido para o presente, criando imagens irreais daquilo que está distante; dessa forma, tem uma "miopia" relacionada ao próprio futuro, sendo incapaz de vê-lo com clareza. O resultado é que se enche de temor, porque a vista é muito curta para vislumbrar um futuro bom.

A ansiedade faz a pessoa viver antecipando situações ou circunstâncias que ainda não vivenciou de uma ótica distorcida.

Isso por si só é suficiente para causar bastante sofrimento. Sofrimento por algo que pode nem existir ou por um evento que nem sequer aconteceu.

Dependendo do grau de ansiedade, a pessoa pode ver o futuro mais ou menos distorcido. Pode chegar a ter um transtorno de ansiedade, caracterizado por sintomas que passam pela preocupação, pela ansiedade e por pensamentos sem controle. Ou ainda pode passar a ter um transtorno de ansiedade generalizada, que inclui ansiedade severa, preocupação excessiva e sofrimento emocional. Pode ainda passar a ter fobia social em decorrência de uma ansiedade irracional, causando palpitações e medo excessivo.

Quantos de nós já não tivemos momentos de ansiedade e nos tornamos míopes em áreas da nossa vida?

Eu sou ansiosa. Quero resolver tudo de uma só vez. Com o avançar da idade, porém, tenho melhorado muito e aprendido a confiar mais. Às vezes, sou tão intensa em tudo que vivo o dia depois de amanhã, em vez de viver o hoje, mas tenho trabalhado para melhorar isso.

Lembro-me de quando estava terminando a faculdade no ano de 1994, pouco tempo antes de me casar. Fazia o internato da faculdade, tempo em que os estudantes de medicina prestes a se formar ficam internos em um hospital. Nossa vida se resumia à rotina de estudar e participar das atividades hospitalares, além de estágios extracurriculares.

Luiz, o meu irmão mais velho, foi diagnosticado com um tumor cerebral, por isso foi perdendo a visão. Ele chegou ao ponto de ficar tateando as paredes para poder se movimentar em casa. Para mim, foi um tempo difícil e de muita ansiedade.

Não tínhamos tantos recursos para esse tipo de cirurgia na época, e não havia planos de saúde. Uma rotina de responsabilidades médicas veio sobre mim sem que eu tivesse estreado na vida médica. Todos me cercavam para resolver o problema dele.

Era um vaivém de intenções e tensões que me abalaram profundamente. Tinha desarranjos intestinais como resultado de um desarranjo emocional. Precisava ajudar a conseguir o tratamento dele, pois, do contrário, Luiz iria morrer.

A dor da situação me deixou sem perspectiva de que as coisas se resolveriam. Eu simplesmente não conseguia enxergar a vida dele no futuro da minha família. Nem imaginava esse futuro com o meu irmão.

Depois de muitas incertezas e de muitos dias com o futuro embaçado, além de Luiz ter perdido a visão completamente, o meu pai conseguiu vender um apartamento que tinha e pagou o tratamento dele.

Nada foi tão simples assim... Ele fez a primeira cirurgia, e não encontraram o tumor. Eu estava lá quando lhe abriram a cabeça e lhe "fecharam" o crânio; via a sua vida por um fio, mas o que não vi foi ele sair curado da cirurgia. Ouvi tão somente do médico: "Sinto muito. Não conseguimos achar o tumor".

As neurocirurgias naquela época não eram tão precisas. Dessa forma, ele saiu da cirurgia com todas as alterações de quando entrara, mas agora com o agravante de ter um crânio aberto, que necessitava de cuidados.

Depois que se recuperou da primeira cirurgia, vieram todos os exames necessários para uma segunda tentativa. E a segunda cirurgia aconteceu. O tumor foi tirado, e não me esqueço da emoção que senti ao vê-lo na UTI, logo depois de acordar, dizendo: "Eu estou enxergando".

Semanas depois, tivemos que lutar com as incertezas do amanhã, lutar novamente contra a pressão e a ansiedade terrível por causa de todas as sequelas físicas advindas da cirurgia. Cheguei a pensar que aquela situação seria eterna durante os meses em que vivemos debaixo de uma ansiedade terrível.

Posso dizer que Deus já estava no nosso futuro, e nós nem imaginávamos.

Luiz ficou bem, conseguiu manter a saúde com medicações que toma até hoje, casou-se, tem uma linda filha e está presente hoje na nossa vida. Um futuro que não conseguíamos ver naquela época.

A Bíblia diz em Filipenses 4.6: "Não andem ansiosos por coisa alguma, mas em tudo, pela oração e súplicas, e com ação de graças, apresentem seus pedidos a Deus".

Quando estamos ansiosos, apertamos nossos olhos, na tentativa de ver, e, mesmo assim, não enxergamos o futuro que está mais à frente porque voltamos nossa atenção para as circunstâncias ao nosso redor.

Sabe o que o apóstolo Paulo queria dizer com esse texto? Ei! Pare de apertar os olhos de sua alma, pare de apertar os olhos de seu coração. Pare de fazer esforço em vão. Pare de sofrer tanto para tentar ver com olhos naturais o que só pode ser visto com olhos espirituais. Não foque na mentira que o rodeia, pois isso não vai agregar nada em sua vida.

Você precisa da lente da Palavra de Deus para enxergar a vontade dele para seu futuro. Precisa compreender a sua mensagem por meio do Espírito Santo. Pare de apertar seus olhos naturais, na tentativa de enxergar. Deixe o Espírito Santo, Doutor de doutores, lhe mostrar outras lentes, auxiliando você a escolher a lente certa, para que enxergue bem.

Por meio da escolha certa, nossas imagens de futuro serão focadas, e chegaremos lá, bem na frente, em paz e segurança!

A grande questão de muitos que não conseguem enxergar bem seu futuro e o que vai ter significado lá na frente é o fato de elas não conseguirem ressignificar suas ansiedades do presente.

Dar um novo significado à vida nas situações de ansiedade é abrir os olhos da alma, é enxergar bem, é abrir o sorriso, é abrir os olhos do coração, é abrir a mente e ter a certeza de que o futuro é bem mais promissor do que podemos imaginar; afinal, o melhor ainda está por vir!

A Bíblia diz:

> "Porque sou eu que conheço os planos que tenho para vocês", diz o Senhor, "planos de fazê-los prosperar e não de causar dano, planos de dar a vocês esperança e um futuro. Então vocês clamarão a mim, virão orar a mim, e eu os ouvirei. Vocês me procurarão e me acharão quando me procurarem de todo o coração" (Jeremias 29.11-13).

Dar um novo significado à vida diante das ansiedades é escolher as lentes que farão você ter a convicção de que Deus estará presente no amanhã. Aliás, ele já está lá no futuro porque ele é atemporal. É parar de apertar os olhos na tentativa de enxergar aquilo que está fora do alcance; é abrir os olhos para o futuro, sorrir para ele, e até rir dele, pois você tem a certeza de que Deus o preparou para você.

O desejo de Deus é nos dar um futuro seguro e de paz e que realizemos os nossos sonhos. Ele já está pronto para nós. Deus já está lá nesse futuro de paz. Não precisamos ficar ansiosos por nada.

Mude as suas lentes! Escolha a visão correta do futuro. Veja 20/20.

Capítulo 9

O CORAÇÃO HIPERMETROPE

Alguém já ouviu falar em hipermetropia? Creio que muitos já ouviram falar sobre o assunto. Obviamente, isso faz parte do meu dia a dia. Domino esse assunto porque o vivencio na prática.

Hipermetropia, ao contrário de miopia, existe pela presença de um olho pequeno. Seu eixo tem o comprimento de tamanho menor que o considerado padrão.

A hipermetropia é um distúrbio visual no qual os olhos de uma pessoa formam imagens distorcidas para a imagem que está próxima dos olhos. Em virtude de o tamanho do olho ser menor que o normal, a imagem não se forma na retina, sendo formada depois da retina, gerando borramento visual para perto.

Geralmente, as pessoas hipermetropes têm queixas quando focam objetos muito próximos, como computadores, celulares, livros etc. Podem possuir visão borrada para perto, além de fadiga e dor de cabeça.

Embora possuam todas as queixas e dificuldades com coisas ao redor delas, os hipermetropes, de forma geral, têm boa visão para longe; e o que mais limita a vida deles é o mundo mais próximo.

O que isso tem a ver com o coração?

Comparo o coração de uma pessoa procrastinadora com a visão de um hipermetrope. O coração hipermetrope é aquele que vive na prática da procrastinação.

Como assim?

Existem pessoas com sonhos incríveis, projetos maravilhosos, que têm uma imagem de futuro muito bem definida e a habilidade de construir esse cenário no seu próprio futuro. Pessoas que não são dominadas pelo medo de prospectar um futuro repleto de novidade.

No entanto, sempre existem alguns "mas" na vida do ser humano.

O que acontece?

Essas pessoas sonham, imaginam, pensam, projetam, mas não conseguem dar passos à frente, a fim de chegar aonde desejam, porque as pequenas coisas que estão ao seu redor as impossibilitam.

Pessoas hipermetropes não conseguem ter uma visão definida das coisas que estão bem pertinho delas, do presente, e acabam vivendo apenas de sonhos do que está por vir, sem nunca chegar ao futuro prospectado porque o presente — o objetivo inicial, a decisão imediata, o passo de cada vez, a iniciativa — nunca foram dados.

O coração hipermetrope estanca exatamente nos sonhos do futuro porque o real, que está à sua frente, não é executado. Uma vez que o simples, o necessário e o pequeno passo não são dados, a expectativa de que algo grande virá depois nunca passa da projeção.

Para mim, cujo temperamento é ativo e mais dado à ânsia que à postergação, é difícil viver com pessoas envoltas pela inércia e falta de atitude.

Já enfrentei muitas situações com consequências para a minha vida pessoal por decisões que dependiam de pessoas com esse comportamento. A situação não dependia somente de mim, o que somente fez aumentar a ansiedade de quem tem hábitos de antecipar as coisas. No entanto, essas situações terminam sendo oportunidades para crescimento.

Também entendo que é um tanto difícil para o procrastinador viver perto, ou ao lado, de quem realiza todas as tarefas necessárias, e algumas vezes desnecessárias, como são as pessoas proativas. O ansioso acaba corroborando a falta de atitude do outro.

O ansioso precisa dar um novo significado à própria vida, assim como o procrastinador. Ambos sofrem e precisam mudar!

O sério nessa questão é que, se não enxergamos o aqui e o agora e não dermos os pequenos passos na caminhada, não conseguiremos chegar a lugar nenhum. Ficaremos estancados pelo caminho e não realizaremos os sonhos do nosso coração, tampouco chegaremos aonde Deus deseja que cheguemos.

> O fazendeiro que tiver preguiça de plantar na *estação certa* não terá nada para colher *na época da colheita*.
> (Provérbios 20.4, *A Mensagem*, grifo nosso)

Longe de mim dizer que o procrastinador é preguiçoso; por isso, para mim, as palavras-chave nesse versículo são "estação certa".

O grande desafio do procrastinador é fazer as coisas no *tempo* certo. Muitas vezes, ele faz a tarefa que deveria ser feita, mas fora do tempo, e isso prejudica o que vem a seguir. O adiamento da atividade atrapalha, muitas vezes, os companheiros da caminhada, e adia o futuro, que parece nunca chegar.

Segundo o dicionário, "procrastinação é o diferimento ou adiamento de uma ação. Para a pessoa que está a procrastinar, isso resulta em *stress*, sensação de culpa, perda de produtividade e vergonha em relação aos outros, por não cumprir com as suas responsabilidades e compromissos".[1]

Para pessoas desse tipo, não adianta tentar dar todos os passos de uma só vez. Se ela não conseguiu caminhar pouco a pouco, como conseguirá voar? Então, o segredo é desenvolver-se devagar e sempre. É definir uma pequena tarefa por vez, por dia; algumas maiores, por semana; outras, por mês, reinventando-se dia após dia, na tentativa de chegar ao alcance máximo.

> Primeiro plante seus campos; depois construa o celeiro.
> (Provérbios 24.27, A Mensagem)

Outra coisa que observamos na procrastinação é que as tarefas são adiadas; consequentemente, quando realizadas, acontecem sem planejamento e de forma desorganizada.

Veja o que o sábio Salomão disse a esse respeito:

> O planejamento cuidadoso dá a você a dianteira na longa corrida; a pressa e a correria deixam você para trás
> (Provérbios 21.5, A Mensagem).

[1] **Dicionário Wikipédia.**

Dar um novo significado à vida diante da procrastinação é dar um passo de cada vez. É fazer algo necessário hoje. É fazer o mínimo inadiável até fazer o máximo programável.

Não executar as tarefas de forma organizada ou programada leva a pessoa para o fim da fila. Como sabemos, em geral, no fim da fila só tem as sobras. Onde você deseja ficar?

Seguem alguns passos que, na prática, podem ajudar você a sair da procrastinação:

1. Escolha suas prioridades. Lembre-se de suas tarefas ou de seus sonhos e escolha com base neles.
2. Estabeleça metas. Veja cada passo pequeno que você precisa dar para chegar à finalização da tarefa que precisa ser realizada ou para chegar ao seu destino.
3. Trabalhe seu foco. Não permita dispersões. Esteja sempre lembrando o motivo de você dar cada passo.
4. Ache motivação. Imagine o futuro que você deseja alcançar, como será cheio de realizações, e fique empolgado.
5. Crie um cronograma. Faça isso para prestar contas a você mesmo das etapas já vencidas e das que ainda precisam ser vencidas.
6. Encha-se de expectativa e prepare-se para celebrar sua conquista!

Se você tem hábitos procrastinadores, dou um conselho. Use lentes certas para a boa visão de curto alcance e reveja as suas atitudes. Também dou os conselhos de um sábio:

> Não fique observando o vento. Faça seu trabalho.
> Não fique olhando as nuvens. Toque a vida adiante
> (Eclesiastes 11.4, *A Mensagem*).

Para os ansiosos que convivem com os procrastinadores, digo: "Paciência! Eles vão conseguir chegar lá!". Você está sendo testado!

Parte 5

Tempestades — espere para subir de nível

Capítulo 10

A ESCOLHA DE ENTRAR NA ARCA

O início do ano de 2019 foi crucial para mim. Eu estava vivendo um período difícil novamente com muitas mudanças no âmbito familiar. Como pastores, nos mudamos para outra cidade para prestarmos serviço voluntário à nossa comunidade cristã. Nesse período, eu viajava muito a trabalho para minha cidade natal, Fortaleza, e percebi como a minha família sentia a minha ausência, principalmente o meu filho, que ainda era muito pequeno, e passou a apresentar um baixo rendimento escolar.

Além de tudo isso, estávamos em processo de adaptação local, e o meu marido ficou sem emprego por um período. Havia outros conflitos associados a essas circunstâncias que geraram sentimentos ruins, instabilidades, questionamentos sobre senso de propósito, medo, dúvidas, inseguranças e sobrecarga emocional.

Mesmo sabendo que tínhamos tomado a decisão correta, após um período de oração e de termos parado para escutar Deus e visto o agir dele em todas as circunstâncias relacionadas à decisão de nos mudarmos, um turbilhão de coisas acontecia ao mesmo tempo. Um mundo de perguntas vinha à minha mente. Todas sem respostas. As coisas não faziam muito sentido, principalmente porque afetavam diretamente a segurança da minha família.

> Mesmo com toda a convicção dada por Deus para chegarmos ao resultado esperado, viver o processo nem sempre é tão fácil!

Certo dia, à noite, enquanto meditava na Palavra de Deus no livro de Gênesis, deparei com os capítulos 5—9 desse livro, que contam a história de Noé. Essa é uma história muito conhecida, mesmo por pessoas que não têm muito conhecimento da Bíblia. A história do homem que ouviu a voz de Deus e construiu uma arca para sobreviver ao Dilúvio. O fato, no entanto, é que muitas novas perspectivas se mostraram para mim naquele dia, que eu gostaria de compartilhar aqui.

O texto diz que Noé era um homem justo e íntegro que andava com Deus.

Entre vários pensamentos que frequentemente permeavam minha mente, que variavam desde prováveis insucessos até a possibilidade de que Deus mudaria nossa sorte, após essa leitura um pensamento me chamou a atenção. Surpreendi-me meditando muito sobre o que Deus dissera a Noé:

> Depois o SENHOR Deus disse a Noé: — Entre na barca, você e toda a sua família, pois eu tenho visto que você é a única pessoa que faz o que é certo (Gênesis 7.1, *Nova Tradução na Linguagem de Hoje*).

Depois de ver Noé obedecer à sua ordem de construir a arca, Deus o convidou para entrar nela.

A princípio, pensei muito na situação de Noé, na sua história, nas suas decisões e dificuldades. Ele precisava entrar na arca. Depois de passar muito tempo construindo-a, chegara finalmente a hora de entrar nela. Noé foi obediente em tudo e fez como Deus havia ordenado.

Ele entrou naquela arca, mas acabou vivendo um grande dilúvio. Choveu quarenta dias e quarenta noites. De repente, todo o cenário da vida de Noé mudou. Tudo foi inundado. A única opção para Noé durante aquele tempo era permanecer na arca, que era o único lugar de segurança para ele, sua família e os animais sobreviverem ao Dilúvio.

A Bíblia diz que Deus fechou a porta da arca.

De igual modo, a nossa vida se parece com esse contexto. Noé deparou com uma situação muito difícil, pois haveria um grande dilúvio e ele teria de passar por essa experiência. Foram muitas as águas a atravessar. Dias de tempestade e provavelmente de nuvens densas e escuras.

Fora da arca, só havia morte...

> Todos os seres vivos que se movem sobre a terra pereceram: aves, rebanhos domésticos, animais selvagens, todas as pequenas criaturas que povoam a terra e toda

> a humanidade. Tudo o que havia em terra seca e tinha nas narinas o fôlego de vida morreu. Todos os seres vivos foram exterminados da face da terra; tanto os homens como os animais grandes, os animais pequenos que se movem rente ao chão e as aves do céu foram exterminados da terra. Só restaram Noé e aqueles que com ele estavam na arca. (Gênesis 7.21-23)

Nem tudo dentro da arca era agradável. Ainda assim, lá ficaram por um longo período de tempo.

Quando criança, tive, certa vez, pavor de um dia chuvoso, com relâmpagos e trovões, por pensar que o mundo acabaria naquele dia. O que eu não sabia naquela idade era que aquela chuva estava longe de poder me destruir, porque eu estava protegida na minha casa.

Imagine o barulho da água, dia e noite, atingindo a arca. É possível que Noé e a família tenham passado por momentos de pavor, medo, solidão, dúvida, insegurança e instabilidade emocional. No entanto, dentro da arca era o único lugar onde havia vida e proteção, porque o Senhor Deus havia fechado a arca após Noé, transformando-a num lugar seguro.

"Você é a única pessoa que faz o que é certo"! Noé tomava as decisões certas e era obediente ao Senhor, mas mesmo assim ele precisou viver o dilúvio para perpetuar a nossa espécie humana.

Naquele momento, esses princípios saltaram da página!

> As tempestades sempre trazem um propósito!

Quantos dilúvios passamos na vida? Quantas vezes fazemos as coisas da forma certa, pelo menos do nosso ponto de vista, e não somos poupados dos dilúvios, das tempestades, dos dias escuros que parecem nunca ter fim? Dos dias de insegurança e de medo?

Os dilúvios parecem trazer morte e podem durar algum tempo. Quantas vezes temos apenas uma arca onde nem tudo é agradável, embora estejamos abrigados, até que o dilúvio passe?

Fora da arca, não haverá possibilidade de vida, pois, quando Deus nos faz passar por tempestades, o único lugar seguro é a arca. Ela protegerá você, a sua família e os que estão ao seu redor. Dentro da arca, existe segurança!

E quando não fazemos as coisas certas? Teremos que sofrer as consequências porque se transformam em instrumentos de Deus para tratar o nosso caráter enquanto atravessamos as tormentas.

Não podemos nos esquecer de que os dilúvios virão, mesmo em tempos de obediência, mas sempre teremos uma arca, um lugar de proteção, cuja porta estará protegida pelo próprio Deus e estaremos seguros!

Não sei em qual arca você precisa se abrigar. Não sei qual é o dilúvio que você está vivendo. Nem por que você está nele. Se a tempestade está acontecendo com você, mesmo que, como Noé, tenha escolhido tomar as decisões corretas, ou se você está em um dilúvio, com a vida cercada de águas, em consequência das decisões e escolhas erradas de sua vida. Independentemente da sua situação, há sempre uma arca onde você poderá se abrigar. Sempre haverá um lugar seguro, onde o próprio Deus guardará você da destruição.

Se você está vivendo dias de dilúvio, encontre a sua arca; abrigue-se. Entre nela! Esse será um tempo de proteção. A tempestade não poderá destruir você.

Como disse o salmista:

> Mas eu cantarei louvores à tua força, de manhã louvarei a tua fidelidade; pois tu és o meu alto refúgio, abrigo seguro nos tempos difíceis (Salmos 59.16).

O texto também diz que as águas do Dilúvio cobriram a terra e também as montanhas.

> Quarenta dias durou o Dilúvio, e as águas aumentaram e elevaram a arca acima da terra. As águas prevaleceram, aumentando muito sobre a terra, e a arca flutuava na superfície das águas. As águas dominavam cada vez mais a terra, e foram cobertas todas as altas montanhas debaixo do céu. As águas subiram até quase sete metros acima das montanhas. (Gênesis 7.17-20)

As águas cobriram até o último lugar onde poderia haver alguma segurança para a humanidade, as montanhas. A única e última possibilidade de salvação fora da arca também foi inundada.

Tudo o que havia fora da arca morreu, mas a arca flutuou. Não havia nenhuma possibilidade de a arca atracar, pois não existiam portos, montanhas ou terra. Simplesmente a arca flutuava na superfície das águas. As águas elevaram a arca para lugares mais altos: "e as águas aumentaram e elevaram a arca acima da terra".

Enquanto as águas estavam no domínio, a arca apenas flutuava!

Dar um novo significado à vida é proteger-se na arca em obediência à voz do Senhor. Ela é segura para você! Mesmo em uma situação inusitada, **a arca é uma oportunidade dada por Deus para você flutuar nas águas da tempestade.** Quando já não houver montanhas para você sobreviver às tempestades, chegou o momento de flutuar nas águas. Você não irá afundar com a inundação. Além disso, subirá de nível protegido pela arca.

Quanto mais águas chegarem nos dilúvios de sua vida e inundarem tudo que está ao seu redor, maior é a oportunidade que você terá de subir para um nível mais alto.

Você viverá sobre as águas da tempestade se estiver firmado em Deus! Ainda que grandes dilúvios atravessem a sua história de vida, simplesmente abrigue-se em sua arca e flutue, até que a tempestade passe.

Capítulo 11

É NECESSÁRIO SAIR DA ARCA

As águas do Dilúvio permaneceram elevadas por 150 dias. Havia inundação por todos os lados. Deus se lembrou de Noé e fez um vento soprar sobre as águas.

Após o vento do Senhor, as águas começaram a baixar.

Noé tinha muitas expectativas de sair da arca, porque a Bíblia diz que ele abriu a janela e soltou um corvo, na esperança de que já houvesse algum lugar em terra seca. Primeiramente, ele abriu a janela e depois deu passos de fé para provar que já havia terra firme.

> Passados quarenta dias, Noé abriu a janela que fizera na arca. Esperando que a terra já tivesse aparecido, Noé soltou um corvo, mas este ficou dando voltas. (Gênesis 8.6,7)

Eleve as suas expectativas, tenha fé após o dilúvio: as águas diminuirão, e haverá terra firme à frente.

Não percebemos que os ventos vindos do Senhor virão e farão que as águas baixem. O Senhor soprará sobre as águas que circundam você. Mesmo que as águas ainda estejam elevadas, lembre-se: Deus jamais esquecerá de você!

Mesmo sem ter resposta imediata para as suas expectativas, Noé permaneceu crendo que as águas baixariam e, por duas vezes mais, soltou uma pomba, para ter certeza de que aquele cenário havia mudado. Até que a pomba voltou trazendo uma folha de oliveira no bico.

> Não faça da arca uma morada quando ela deve ser apenas um abrigo temporário.

As dificuldades da vida indicam que, depois dos dilúvios, existe um tempo de espera que deve ser vivido com a certeza de que as águas voltarão ao seu curso normal. Saiba que é necessário abrir a janela do coração, assim como Noé abriu a janela da arca, para poder vislumbrar, por fé, que "terra firme" aparecerá pela frente.

O fato é que precisamos ter visão de futuro e enxergar além das circunstâncias, das tempestades, das dores e das "muitas águas" que circundam a nossa vida.

> Há uma terra firme para você. De repente, ela aparecerá bem na sua frente.

Pouco tempo depois, Deus disse a Noé: "Saia da arca" (Gênesis 8.15).

É necessário entender que arcas servirão de proteção de Deus durante os dilúvios; permanecer na arca, além de ser desnecessário, poderá acarretar distúrbios na sua vida.

Imaginar que Noé creu em Deus para entrar e sair da arca no tempo certo me fez entender que existe um **tempo de proteção** durante os dilúvios, quando o Senhor nos guarda e estamos sem opção de movimento. Contudo, existe um **tempo de exposição**, quando será necessário ter ousadia para deixar o abrigo e se expor para o novo mundo que está à nossa frente. Será preciso ter esperança e coragem para deixar a arca, ou o seu referencial de segurança, quer real quer ideal.

Imagino a alegria de Noé quando a pomba voltou com o raminho no bico, trazendo-lhe a certeza de que uma nova estação estava chegando.

> Dar um novo significado à vida é entender que haverá um momento necessário para "sair da arca". É compreender que existe um mundo novo brotando e que permanecer na "arca" impedirá você de vislumbrar a nova estação que se abre. É necessário se expor para o novo.

Saia da arca caso tenha feito dela um lugar de moradia. Abandone a situação ou qualquer lugar de aparente proteção, para vivenciar a terra firme que o aguarda.

Você deve finalmente sentir o vento do Senhor soprando, caso queira abandonar a tempestade. Abra o coração para o novo de Deus que está à sua espera e pela fé veja toda a inundação baixando de nível porque Deus decidiu soprar a seu favor, para que você pise em terra firme. É capaz de contemplar a terra firme à sua frente?

Viver na arca para sempre, depois da tempestade, poderá ser tão arriscado quanto estar fora dela durante a tempestade.

Permanecer na arca quando é tempo de sair dela pode significar viver para sempre com situações desnecessárias.

> Quando chegar o tempo, não resista, saia da arca!

Guardar o seu coração "na arca" é esconder-se e significa, sobretudo, estar desprotegido, porque os ventos são contrários! É correr risco!

Capítulo 12

SEMPRE HAVERÁ UM ARCO-ÍRIS ESPERANDO POR VOCÊ

Depois que Noé saiu da arca, a primeira coisa que ele fez foi construir um altar de adoração a Deus. Após a experiência de ver a fidelidade de Deus antes, durante e após a tempestade, a única coisa que Noé quis fazer foi adorar a Deus.

Viver dilúvios nos permite enxergar que a mão de Deus esteve conosco todos os dias, protegendo-nos e impelindo para novas estações.

Os dilúvios nos fazem entender que a adoração deve ser um estilo de vida. As tempestades sempre virão para nos conduzir a um nível mais alto de relacionamento com o nosso Criador.

O capítulo 9 de Gênesis relata um grande marco da história de Noé e da humanidade. Deus abençoou Noé quando ele saiu da arca e estabeleceu um sinal que passou a ser um símbolo da aliança entre Deus e o homem.

> E Deus prosseguiu: "Este é o sinal da aliança que estou fazendo entre mim e vocês e com todos os seres vivos que estão com vocês, para todas as gerações futuras: o meu arco que coloquei nas nuvens. Será o sinal da minha aliança com a terra. Quando eu trouxer nuvens sobre a terra e nelas aparecer o arco-íris, então me lembrarei da minha aliança com vocês e com os seres vivos de todas as espécies. Nunca mais as águas se tornarão um dilúvio para destruir toda forma de vida. Toda vez que o arco-íris estiver nas nuvens, olharei para ele e me lembrarei da aliança eterna entre Deus e todos os seres vivos de todas as espécies que vivem na terra". Concluindo, disse Deus a Noé: "Esse é o sinal da aliança que estabeleci entre mim e toda forma de vida que há sobre a terra". (Gênesis 9.12-17)

Deus prometeu que nunca mais destruiria a terra com água e enviou o arco-íris como símbolo dessa promessa.

Os arcos-íris são a prova e a marca de que as experiências com Deus em situações-limite nos tornaram mais fortes e vitoriosos no nosso relacionamento com ele. Jamais seremos os mesmos. Além de simbolizar o amor de Deus por nós, essas marcas dão um novo significado à nossa história.

Dar um novo significado à vida é ter a certeza de que os dilúvios, por mais duradouros e violentos que sejam para nosso corpo e nossa alma, deixarão marcas eternas no nosso espírito. Marcas que não possuem os tons escuros das noites de tempestade, nem a nostalgia dos dias chuvosos, mas que trarão o colorido do arco-íris que representa a alegria de participar de um novo relacionamento com Deus, que sempre nos impulsionará a viver etapas desafiadoras para nos levar a níveis mais altos.

"Arcos-íris" passarão a existir nos céus da nossa vida!

Como o arco-íris foi criado por Deus como pacto eterno após o Dilúvio, assim as tempestades trarão um colorido novo para a nossa jornada. Deus fará aliança conosco ao longo da jornada e nos fará lembrar dela por meio desses marcos espirituais.

> Mas a vereda dos justos é como a luz da aurora, que vai brilhando mais e mais até ser dia perfeito.
> (Provérbios 4.18, *Almeida Corrigida Fiel*)

Os dias cinzentos vão passar. Existe um colorido novo para a sua vida.

Parte 6

A arte de se reinventar

Capítulo 13
A ARTE

De acordo com o dicionário, arte é a "habilidade ou a disposição dirigida para a execução de uma finalidade prática ou teórica, realizada de forma consciente, controlada e racional", ou "o conjunto de meios e procedimentos através dos quais é possível a obtenção de finalidades práticas ou a produção de objetos; técnica".[1]

Arte é uma palavra oriunda do latim e significa "habilidade". Trata-se de uma manifestação humana comunicativa desde a Antiguidade e, como não poderia deixar de ser, é uma forma de se comunicar.

---
[1] Dicionário eletrônico Houaiss.

Outro conceito de arte: "a capacidade que tem o ser humano de criar o belo, como produto da ação individual, do gênio e da sensibilidade do artista, valendo-se de sua faculdade de inspiração; exteriorização dos sentimentos de um gênio excepcional, capaz de dominar a matéria e o pensamento, independentemente de uma finalidade utilitária".[2]

A arte está diretamente relacionada com as percepções e as emoções dos seres humanos, do intelecto associado com as emoções; portanto, os animais irracionais não se expressam por meio da arte.

Vemos a arte por meio da pintura, do artesanato, da dança, do teatro, da música, da escrita, do cinema, do desenho, da fotografia, entre várias outras manifestações. Atualmente, temos a arte digital, por exemplo. Em outras palavras, a arte está em qualquer criação do homem expressa pela sua habilidade e motivada pelo seu interior.

> A arte é o registro de um tempo, de um momento, de uma história. Ela tem uma forma e um significado particular do artista.

Em resumo, a arte é um reflexo da essência humana. É a melhor forma de expressar os nossos sentimentos, por isso está presente em todos os povos, todas as raças, todos os credos, todas as culturas.

Ao longo da história humana, a arte representou a vivência dos seres humanos apresentando ao mundo, por meio de obras criadas, as suas maiores aquisições, conquistas e progressões, mas também desventuras, devaneios e derrotas.

Muitas vezes, as pessoas dizem não ter interesse pelas artes, mas o que essas pessoas não sabem é que a vida é uma arte, pois na vida, a todo instante, estamos nos expressando por meio das habilidades que temos, o que pode ser visto, muitas vezes, quando tomamos atitudes ou pomos em prática as nossas capacidades.

---

[2] **Dicionário brasileiro da língua portuguesa.**

Reinventamos a vida quando recriamos o belo com a nossa própria história. Você é o artista da sua vida! É você que vai refletir ao mundo a obra-prima da sua história.

O artista registra o seu eu interior por meio de sua obra-prima! Ou seja, reinventar a vida, as dores e as situações adversas que vivenciamos é comunicar isso às pessoas e ao mundo ao nosso redor.

A arte de se reinventar é a forma de criar meios de mudar o nosso interior para que ele se reflita no exterior por meio das nossas atitudes. É criar o belo em meio ao caos. É refletir o bonito, mesmo vivendo situações "feias". É fazer de sua história a mais bela obra-prima.

Produzir a arte da reinvenção é expor a sua habilidade interior para expressar o belo que há dentro de você e retirar de você o melhor que existe. É reinventar e dar um novo sentido às suas experiências por meio de atitudes criativas e expressivas.

É expor ao mundo a mensagem de Cristo por meio das nossas atitudes, pois a nossa mensagem não deve ser sobre nós mesmos. Se estivermos cheios de Deus, vamos nos expor ao mundo, por meio das nossas habilidades e emoções com a mensagem de Cristo. Afinal, tudo diz respeito a ele; vivemos por ele e nada faz sentido sem ele.

> Lembrem-se que a Mensagem não é sobre nós mesmos. Nós anunciamos Jesus Cristo, o Senhor. [...] e a nossa vida ficou cheia de luz quando vimos e compreendemos Deus pela face de Cristo, tudo belo e deslumbrante. (2Coríntios 4.5a,6, *A Mensagem*)

Nós, obra-prima, temos como propósito de vida expressar-nos de modo tal que a glória de Deus seja refletida.

Tudo o que somos, tudo o que temos, tudo o que sentimos: inteligência, habilidades, recursos materiais e imateriais, enfim, todo o nosso ser deve refletir a beleza e o deslumbre que é a presença de Deus em nós, a despeito de qualquer situação. Que os que apreciam a nossa vida consigam enxergar a verdadeira inspiração que temos, ou seja, que os que assistem à nossa arte chamada vida vejam em nós a graça de Deus e o seu amor. Da mesma forma, que vejam também as nossas dores, as nossas aflições, as nossas lutas, o nosso choro, as nossas impossibilidades, as nossas tempestades e entendam: a forma com que reagimos a cada uma dessas situações faz a diferença na expressão de quem somos por causa de quem temos. Que todos possam enxergar em nós aquele que nos inspira a enfrentar cada dia da nossa vida com uma força que não vem de nós mesmos.

Uma arte que está em constante transformação!

Ao mesmo tempo que somos os artistas das nossas obras, emoções, atitudes, somos também a obra-prima de Deus. Esse fato nos levará a rever cada atitude, para a melhor expressão da criação de Deus em nós.

Deus, o grande Artista da vida, trabalha em nós tal qual o oleiro trabalha a argila. Somos moldados dia após dia, no processo chamado "modelagem", para expressarmos ao mundo a vida dele e o belo trabalho dele em nós.

Quando pensamos nas obras de arte dos grandes artistas universais, vemos que o valor das suas obras está exatamente no valor que tem o artista, não somente na obra final em si, mas em como o pintor, o escultor, o ator etc. soube dar vida a algo novo. Como obras-primas de Deus, valemos muito exatamente porque o nosso Artista é Deus, o Criador!

A nossa parte na arte é deixar Deus agir e contribuir para que ele atue no nosso coração e caráter, nas nossas rachaduras e imperfeições, expressando ao mundo, assim, o verdadeiro Artista!

Seja você a arte nas mãos do grande Artista!

Capítulo 14
VIVENDO A REINVENÇÃO

Quando as circunstâncias parecem imutáveis e você olha ao redor e não consegue mais, por conta própria, mudar o panorama da sua vida, só há uma coisa a fazer: mudar você mesmo! Reinventar-se. Este é o segredo: quando não conseguir mudar pessoas, coisas ou circunstâncias, comece mudando você mesmo. Seja você o milagre!

Reinventar a vida é aproveitar ao máximo o que Deus nos deu.

Depois de ver como são as coisas na terra, concluí que a melhor maneira de se viver é: cuidar de você mesmo, se divertir e tirar o que puder do próprio trabalho no tempo de vida que Deus conceder a você. É isso e ponto final — não tem outro jeito. Sim, devemos aproveitar ao máximo tudo que Deus nos dá, seja riquezas, seja a capacidade de desfrutá-las; aceitar a própria sorte e desfrutar o trabalho é uma dádiva de Deus! Deus dispensa alegria no presente, *hoje*. É inútil ficar remoendo o tema da brevidade da vida.
(Eclesiastes 5.18-20, *A Mensagem*)

As mudanças são necessárias. Simplesmente não é possível permanecer sempre do mesmo jeito. Seja você em outra faceta, em outra perspectiva, em outra versão.

Em meio a qualquer situação, devemos mudar para expressar a nossa verdadeira identidade — Cristo.

REINVENTE O SEU ESPÍRITO

Quem realmente somos?

A Bíblia deixa muito claro que o homem interior é o espírito que habita o corpo. Espírito esse criado em Deus, criado por Deus, criado para Deus.

Somos seres únicos, criados à imagem e semelhança de Cristo.

A grande questão do ser humano, de saber quem realmente é, baseia-se no fato de o homem ter se afastado do Criador. A criação que foi formada para depender totalmente do Criador acabou se afastando dele; desse modo, sofreu as consequências.

Como a planta nasceu da terra e precisa dela para viver e, como o peixe nasceu da água e também precisa dela para viver, assim nós, os seres humanos, que nascemos de Deus, precisamos estar nele para sobreviver e viver com a nossa capacidade máxima.

Não falo apenas da vida física em si, mas também do aspecto da eternidade que habita no coração do homem, uma vez que Deus nos criou à sua imagem e semelhança.

Sem a presença do Criador, o nosso espírito "vive" em morte, se é que assim se pode dizer. Não há vida em nós fora de Deus.

O que você precisa fazer para reinventar o seu espírito?

Esvazie-se de você mesmo.

Quando nos esvaziamos de nós mesmos, quando reconhecemos a nossa humanidade, quando sabemos que somos pó e que precisamos de Deus, damos o primeiro passo no processo de mudança do nosso espírito.

> Estar cheio de Deus é inversamente proporcional a estar cheio de nós mesmos.

O homem se afastou do Criador quando decidiu pecar e viver por si próprio e, desse modo, corrompeu a natureza de Deus posta no espírito humano, o qual passou a viver longe do Senhor e assumiu uma natureza corrompida.

Encha-se de Deus.

Para reinventar-se em espírito, só há uma forma de fazer isso: abra o coração, esvazie-se de você mesmo e deixe que o Espírito de Deus o preencha.

O caminho percorrido por Jesus até a cruz é o nosso exemplo de como fazer isso. Ele, que era Deus e estava em Deus, esvaziou-se da sua glória, tornou-se homem, habitou entre nós e, diferentemente dos homens, viveu neste mundo conectado com Deus Pai, fazendo-se pecador, sem pecar, para que eu e você tivéssemos um relacionamento reconectado com o Criador, Deus Pai.

Quando reconhecemos o sacrifício de Jesus na cruz, quando confessamos isso diante dos homens, o Espírito do Criador, o Espírito Santo, passa a habitar dentro de nós, fazendo essa nova conexão com Deus.

Passamos a viver com uma nova natureza, que é recriada em nós; ou seja, a natureza de Deus outra vez, pela graça, mediante a nossa confissão de fé, torna-se acessível por meio do sacrifício de Jesus.

Se você crê nisso, mas nunca teve a oportunidade de fazer essa confissão, apresento a você a oportunidade de expressar a necessidade de ter o seu espírito recriado por Deus. Ore, neste momento, com fé, com todo o seu entendimento, da seguinte forma:

> O seu espírito é novamente criado pelo Espírito de Deus em você.

> Senhor Jesus, acredito que a sua morte na cruz foi para me conectar outra vez com Deus. Confesso que o Senhor é o meu Salvador. Quero que seja o Senhor da minha vida e me guie em todos os caminhos. Encha o meu ser com o Espírito Santo. Ajude-me a caminhar com o Senhor, a aprender a sua vontade e obedecer a ela. Amém!

Tenha certeza de que a partir de agora, independentemente do momento em que você está, o seu espírito está conectado com Deus, e ele será o seu guia em toda e qualquer situação. Sinta a paz de Deus em você! Ele estará com você todos os dias da sua vida.

Leia a Palavra de Deus.

Todo fabricante deixa um manual de utilização de seu produto. Com Deus não é muito diferente, por isso leia a Palavra de Deus, que é a mensagem dele para uma vida bem vivida e feliz.

Nesse manual, Deus nos orienta sobre como seguir os caminhos dele e ser guiados para uma vida plena pelo Espírito.

Até Jesus optou pela Palavra de Deus para vencer os desafios que teve de enfrentar quando estava no deserto. É a própria Palavra de Deus que serve de instrumento para nos fazer olhar pela perspectiva certa e nos tornar vencedores.

Leia a Bíblia todos os dias. Aprenda como deve proceder em cada situação da vida, porque A Mensagem de Deus para nós nos ensina todos os princípios de Deus para vivermos uma vida transformada por ele. Seja ela o seu guia em todos os tempos, em cada situação de sua vida, nos dias bons e nos maus também, nos dias de fé e de desesperança, na alegria, na tristeza, nas celebrações e nas renúncias.

A Bíblia é a única verdade absoluta sobre tudo e todos. É Deus falando com você para seguir pelo caminho correto, consolando-o nos dias difíceis e, sobretudo, tornando você semelhante a Cristo.

Ore ao Senhor.

Orar é falar com Deus. Os ouvidos do Senhor estão abertos às suas súplicas e petições, porque ele tem o desejo de abençoar a nossa vida simplesmente porque está a nosso favor.

Em todos os momentos, Deus deseja ouvir o seu coração, como acontece em um relacionamento. Deus está atento a tudo o que temos a dizer, quantas vezes quisermos, como se fosse a primeira vez.

Por isso, nos momentos bons, em oração, com ações de graças, celebre a Deus por tudo o que você tem recebido.

Nos momentos ruins, também ore. Chore e grite, se for preciso. Clame ao Senhor e deixe que as lágrimas caiam; elas lavam a alma e hidratam o coração.

Se estiver sofrendo, não se condene, pois você é humano, mas decida se reinventar a cada situação de dor. Quando achar que não existe mais o que fazer, continue orando.

Orar também é parar para ouvir o sussurrar de Deus. É deixar a doce voz dele penetrar no seu espírito por meio do Espírito Santo. É ouvi-lo dizer: "Meu (minha) filho(a), você é amado(a), perdoado(a), escolhido(a). Eu tenho um propósito para a sua vida. Amo você e estou ao seu lado em toda e qualquer situação, para fazer de você um (uma) vencedor (vencedora) e para que abençoe outras pessoas". Orar é deixar Deus encher a sua vida da presença dele.

Depois de ouvir Deus, levante-se, olhe para o céu e lembre-se de que você nasceu para vencer e ser maior que os seus problemas. Em seguida, volte a sonhar e recrie a sua história!

O agir de Deus não depende do que fazemos, mas do que deixamos Deus fazer. Portanto, reinventar o espírito é deixar Deus entrar em nós, recriar o nosso antigo eu e nos transformar.

> Deus está sempre falando com aqueles que estão dispostos a ouvi-lo.

REINVENTE A SUA ALMA

Depois dos primeiros passos é quando nos damos conta de que existe uma jornada de mudanças à frente; percebemos que reinventar-se é uma questão de sobrevivência! Somos mais que espírito e corpo; então, mãos à obra!

A alma é o centro do nosso ser; o espaço das emoções, da mente, da inteligência, dos desejos e sonhos. Somos espírito, temos alma e habitamos um corpo.

A alma entra em um processo de constante transformação a partir do momento em que o nosso espírito é recriado no nosso reencontro com Deus. Trata-se de trabalho árduo e contínuo, que, com certeza, torna-se mais fácil com a ajuda do Espírito Santo em nós.

As mudanças precisam caminhar juntas, no espírito, na alma e no corpo.

Como você pode mudar a condição da sua alma em tempos de crise?

Renove a sua mente.

Sofremos bombardeios diariamente de quem somos, ou devemos ser, por meio de imagens e mensagens diárias que permeiam a nossa mente; se não tomarmos cuidado, todo esse arsenal será capaz de penetrar o nosso coração e afetar diretamente a nossa identidade, levando-nos para longe do propósito real pelo qual existimos.

A primeira coisa que devemos fazer para recriar a nossa mente é mudar a forma de pensar. Para isso, é necessário pautar a nossa vida nos princípios que a Palavra de Deus tem para nós. Cada um desses princípios é a verdade absoluta para a nossa vida; obedecer-lhes nos permitirá ter uma mente saudável, renovada e recriada que nos levará a uma vida plena.

Ler toda a Bíblia uma vez por ano, ou a cada dois anos, é muito proveitoso, porque nos ajuda a mudar o nosso entendimento sobre a eternidade e forjar o nosso caráter, transformando a nossa alma e acalmando as nossas emoções.

A vida terrena já faz parte da eternidade de Deus em nós, uma vez que viver da melhor forma aqui reflete o Deus eterno que habita em nós. Cada leitura da Bíblia nos leva a aprender e absorver novos ensinamentos, e é isso que faz da Bíblia um livro vivo, eficaz e penetrante, pois ela é capaz de mudar quem somos, tornando-nos uma versão melhor: a versão de Deus.

Leia um bom livro.

Reinvente-se lendo um bom livro; oxigene a mente com a boa literatura, mude os seus conceitos e elimine preconceitos por meio da visão de pessoas mais experimentadas na vida. Aprenda com a experiência de outros; afinal, os mais sábios fazem isso. Selecione bons escritores e aprenda com a clareza dos princípios de Deus dentro de você; retire o que é bom e descarte o que não for conveniente.

Estabeleça uma meta. Leia um livro novo por mês ou a cada dois meses. Comece hoje!

Estude mais.

Faça um curso novo. Decida mudar de nível. Aproveite a oportunidade para crescer intelectualmente. Comece crescendo dentro de você. Seja grande. Conecte-se com coisas novas que possam ajudar você a ser uma nova versão de você mesmo.

A inteligência é algo que o ser humano está apto para desenvolver. Eu não tenho medo de tentar algo novo; na verdade, aprendo com os meus erros. Mas sigo em frente. Sempre fui assim. A cada nova tarefa, aproveito a oportunidade e desenvolvo habilidades novas. Quando não sei fazer algo, procuro aprender como executá-lo. Isso muda a perspectiva do meu aprendizado e da minha vida.

Quando eu tinha 15 anos de idade, uma amiga minha estava preparando a sua festa de 15 anos. A mãe comentou que tinha visto um bolo de festa, que, ao ser partido, fazia aparecer o nome da aniversariante, mas ela não tinha ideia de como isso poderia ser feito.

Então, imaginei como faria um bolo 3D em que o nome da minha amiga aparecesse. Eu era bem jovem, mas fui atrevida a ponto de dizer à mãe da minha amiga que sabia fazer o bolo. Fui tão convincente que ela acreditou em mim.

Pedi para preparar vários tabuleiros de bolo, metade de bolos brancos, metade de bolos de chocolate. E parti para fazer a engenharia gastronômica de construir um bolo que, ao ser partido, mostrasse o nome da minha amiga. Ainda bem que o nome dela era pequeno, porque deu trabalho! Mas eu fiz. Eu aprendi com aquela situação. Desafiei a mim mesma, aceitei o desafio e passei a ter uma habilidade a mais.

A passagem bíblica sobre talentos, quando Jesus entregou dez talentos, cinco talentos e um talento respectivamente a três pessoas distintas nos ensina algo especial. Dois deles multiplicaram os talentos recebidos. A pessoa que recebeu um talento enterrou-o e voltou a seu senhor com o único talento que havia recebido, ao passo que os outros dois retornaram com os talentos multiplicados por dois.

Entendo que inteligência é como essa parábola dos talentos. Cada pessoa tem pelo menos uma habilidade. Quanto mais utiliza as habilidades naturais que lhe foram confiadas por Deus, mais habilidades adquire. A mente humana tem um potencial impressionante. Entretanto, deixar de usar a mente torna o indivíduo ignorante, ou seja, estagnado em sua condição original. Quanto mais conexões cerebrais eu fizer, mais conexões irão se abrir, mais coisas aprendo e mais facilmente aprendo as coisas.

Por exemplo, quando imobilizamos um braço, ele atrofia, mas, quanto mais utilizamos um braço por meio de exercícios físicos, mais desenvolvido ele fica. É mais ou menos assim que funciona com a nossa capacidade intelectual. Não usar o talento que Deus nos dá é como tornar o nosso cérebro atrófico. Pessoas com "pouca inteligência" (obviamente, respeitando o desenvolvimento individual de formação de cada um), foram mentalmente "preguiçosas" em usar as habilidades que tinham para a aquisição de novas.

Conheço pessoas que dizem simplesmente: "Eu não sei fazer", "Eu desisto", "Eu não gosto de fazer isso". Entendo que há sempre o que aprender e áreas nas quais crescer; o céu é o limite, já que temos a mente de Cristo.

Desse modo, aproveite cada oportunidade de aprender algo. Estude como fazer uma nova tarefa e enfrente novos desafios da perspectiva de que você será capaz de aprender algo novo.

Capacite-se.

Aprenda um idioma novo e depois outro; você verá que isso se torna cada vez mais fácil. Faça uma graduação e depois uma pós-graduação. Faça um novo curso. Conecte a mente com novas oportunidades para torná-la mais capaz, mais eficiente, mais habilidosa e mais inteligente.

> Portanto, olhem por onde andam. Usem a cabeça. Aproveitem ao máximo cada oportunidade. Vivemos tempos difíceis! Não se descuidem. Tentem entender o que o Senhor quer de vocês. (Efésios 5.16,17, *A Mensagem*)

Escute música.

Escute boa música. Alegre a sua alma e renove a mensagem que a ela chega por meio da música. Escolha músicas que tenham a habilidade de mudar o seu humor. Preferencialmente, escute músicas que adorem a Deus e celebrem o amor de Deus por nós. Celebre o seu amor por ele. É possível adorar a Deus em meio aos momentos difíceis.

Louvar a Deus é um processo que modifica a nossa forma de ser e pensar e que recodifica a nossa alma, trazendo paz, alegria e senso de propósito. Louvar a Deus faz abrir portas para novos *insights*. Dá um novo significado ao dia e permite que novas ideias brotem dentro de nós, inspirando o nosso ser.

Dance, pelo menos um pouco.

Dance em casa. Dance na igreja. Seja a própria celebração. Faça o seu coração dançar também, em um ritmo suave e compassado, trazendo segurança, serenidade e felicidade.

Dançar libera as emoções interiores, libera o coração, celebra a liberdade em Cristo. Renova o ser.

Descanse o suficiente.
Descansar a mente faz bem para a alma. Fique sem fazer nada e apenas respire fundo, deixando o coração, então acelerado pelas emoções da vida, bater em um compasso mais saudável. Descanse a alma. Descanse as emoções, dando espaço para distrações saudáveis.

Quando puder escolher, freie, tire férias, pause o ritmo frenético de atividades corriqueiras que fazem você estar no modo automático. Desligue o piloto automático para viver um dia de cada vez e valorizar cada momento do dia.

Curta o ócio quando estiver cansado. Assista a um bom filme com alguém que você ama; vá à praia, aproveite o sol, tome um banho de mar, jogue um jogo de cartas ou dominó com a sua família e amigos, tome um café com um amigo.

Ou simplesmente deite-se e descanse. Dar pausa na sobrecarga da mente é aumentar a plenitude da vida.

Organize a vida.
Arrume o seu guarda-roupa. Coloque as coisas em ordem. Quando organizamos as nossas coisas, é como se estivéssemos organizando a própria vida. As coisas tomam um aspecto mais claro na nossa mente. Os problemas ficam menores porque inconscientemente pomos a cabeça em ordem. Então, as coisas difíceis se tornam menos complexas. Quando a nossa mente encontra caminhos, tudo se torna claro e organizado.

Organize as suas finanças.
Existe coisa para adoecer mais a alma que uma vida financeira desorganizada? Adoece a mente, adoece o casal, adoece a família. Cuide da sua saúde financeira. Faça reservas para os tempos

de crise. Mesmo em meio a qualquer dificuldade financeira, inicie uma reserva para o futuro. Afinal, nada sabemos sobre o dia de amanhã.

Seja grato.

A gratidão é um dos sentimentos mais nobres do ser humano. Ser grato é ser digno. A ciência já provou que a gratidão ajuda a curar pessoas doentes e corrobora para que pessoas não adoeçam.

Dizer palavras de gratidão traz alívio à alma adoecida ou ferida. Seja grato pela sua casa e família, pois muitos não têm um lar. Agradeça a Deus pelo seu trabalho, pois existem muitos desempregados no mundo. Seja grato pela sua saúde, pois existem pessoas em condições de saúde pior que a sua; pela vida, porque, se você está respirando, é pela graça de Deus; pelo ar que você respira, pois muitos são os enfermos que desejam respirar bem. Agradeça pelo sol que brilha forte ao amanhecer; deixe-o aquecer o seu coração também. Agradeça pela chuva que cai serena e molha a natureza; deixe-a umidificar o seu coração seco pela dor.

Enfim, existem milhões de coisas pelas quais podemos agradecer a Deus. Melhor do que eu reclamar do que me falta é agradecer pelo que tenho. Permita que a gratidão seja um divisor de águas nas suas emoções.

Encoraje alguém.

Encoraje pessoas que estão ao seu redor. O encorajamento ajuda os outros e a você mesmo. Emitir palavras encorajadoras que levantam o outro traz significado para você também. Quando você diz palavras de afirmação, além de abençoar outros, modifica a sua própria forma de pensar. Seja positivo.

Crie boas memórias.

Ao longo da jornada, crie memórias! Mas escolha boas imagens para guardar como memória ativa na sua mente. Relembrar bons momentos, momentos únicos que não voltam mais, e trazê-los à memória em tempos de escassez faz que sejamos impulsionados, porque vale a pena viver.

Quanto às imagens ruins, delete-as. Não as imagens propriamente ditas; afinal, isso não é possível. Delete as implicações que elas trazem à alma. Perdoe o que é preciso ser perdoado e guarde o que há de bom. O carinho, o amor, a gentileza, a paixão, a bondade, o companheirismo, a gratidão, a parceria, a cumplicidade, a felicidade e tudo de bom que a jornada lhe proporcionou. Nunca guarde apenas a foto de um momento ruim; guarde o filme, a jornada, o todo, e tudo o que foi bom no conjunto. E delete todas as fotos ruins.

Criar boas memórias ao longo da jornada é uma forma de reinventar a mente.

Sorria sempre.

Sorria! Tantas vezes quanto puder... Sorrir é o melhor remédio para a alma. Faz bem. Ria e ria muito; dê gargalhadas! Dê boas risadas sobre as situações da sua vida. Não leve a vida tão a sério.

Há um trecho de Provérbios que é encantador. A mulher sábia nos desafia continuamente: "Reveste-se de força e dignidade; sorri diante do futuro" (31.25).

Olhar para o futuro e sorrir para ele é acreditar que, independentemente da situação e da luta que se trava, existe algo muito bom à minha espera, por maior e mais desafiador que seja o meu presente. O futuro é promissor. Então, vamos sorrir hoje!

Paulo disse:

Agora enfrento com alegria essas limitações, com tudo
que me torna pequeno — abusos, acidentes, oposição,
problemas. Simplesmente permito que Cristo assuma o
controle! E, quanto mais fraco me apresento, mais forte me
torno. [...] É isso, meus amigos. Sejam alegres. Mantenham
tudo em boas condições. Sejam animados. Tenham
harmonia de pensamento. Sejam agradáveis. Façam tudo
isso, e o Deus de amor e paz estará sempre com vocês
(2Coríntios 12.10; 13. 11,12, *A Mensagem*).

Sorrir e alegrar-se em qualquer situação é sinal de rendição a Deus e de fé!

Sejam alegres, em qualquer situação; orem o tempo todo;
deem graças a Deus, não importa o que aconteça. É como
Deus quer que vocês, que pertencem a Cristo Jesus, vivam
neste mundo. (1Tessalonicenses 5.16-18, *A Mensagem*)

Abrace profundamente.

Abrace alguém. Abrace por no mínimo quarenta segundos. Transmita vida no seu abraço. Abrace com paixão; além de abraçar o corpo de alguém, toque-lhe a alma. Abrace forte! Toque a vida de alguém com o seu toque.

Abraçar é remédio. A qualquer queda ou dor dos nossos filhos, dizemos: "Vem, que a mamãe abraça e cura". E não é que funciona? Eles se sentem seguros. O abraço traz um forte senso de pertencimento e segurança.

Eu amo o toque. Amo o contato físico. Abraçar para mim é a linguagem de amor mais forte. Se alguém quer dizer que me ama, pode me dar um abraço, e me sinto a pessoa mais feliz do mundo. O abraço dá um colorido para o meu dia e me traz consolo quando preciso.

Sei que existem pessoas que não gostam de toque, mas experimente; permita-se sentir uma das formas mais apaixonantes de transmitir amor. Pouco a pouco, é possível.

Reinventar-se tem relação com abrir-se para o novo, para o que pensamos que não podemos fazer. Experimente ser e fazer uma alma feliz por meio da linguagem corporal.

> Cumprimentem uns aos outros com um abraço santo.
> (2Coríntios 13.12, *A Mensagem*)

Sirva às pessoas.

Servir a alguém é uma linguagem forte e uma forma de dizer que você ama a pessoa. Sirva sem olhar a quem está servindo. Sirva ao próximo. Quem é o seu próximo? Aquele que precisa de ajuda e está ao seu alcance. Sirva com dedicação e amor.

Dê o seu melhor. Ajude como pode. Dê um bom-dia no elevador. Ajude um idoso com as compras. Segure a porta para alguém. Ajude a sua mãe com a arrumação da casa. Jogue o lixo fora e coloque as coisas no lugar certo. Carregue as sacolas de alguém. Seja educado, gentil e carinhoso com as pessoas.

> Portanto, não se cansem de fazer o bem. No tempo certo, teremos uma boa colheita, se não nos desesperarmos nem desistirmos. Cada vez que tivermos chance, trabalhemos para o benefício de todos, a começar pelos mais próximos de nós na comunidade de fé. (Gálatas 6.9,10, *A Mensagem*)

> Se temos força é para servir, não para ganhar prestígio. Cada um de nós precisa se preocupar com o bem-estar

alheio, sempre perguntando: "Como posso ajudar?".
(Romanos 15.2, *A Mensagem*)

Seja generoso.

A Bíblia diz que dar é melhor que receber. Então, generosidade é algo que muda a minha forma de ser, de pensar e de existir. A generosidade tem relação com o que eu sou, não exatamente com o que eu tenho.

Não existe forma melhor de sentir-se com dignidade que o ato de dar.

Ajude as pessoas. Doe algo que para você não tem tanta importância e que pode fazer diferença na vida do outro. Eu já vivenciei situações nas quais dar era algo sacrificial para mim, mas foi muito mais prazeroso do que dar algo que não tinha um custo ou valor. Portanto, vá além, doando algo precioso para você.

Na minha igreja, costumam dizer que generosidade é quando o sacrifício se encontra com o prazer. Então, nada mais prazeroso, nada mais generoso que doar algo quando isso inclui sacrifício. O seu sacrifício em generosidade já será extremamente recompensado pelo prazer que você terá ao fazer isso.

É só começar! Quando estiver enfrentando dificuldades ou uma situação difícil, comece a prática da generosidade. Ela aliviará a sua alma.

O seu ato de generosidade muda o mundo!

Sonhe.

Seja forte o suficiente para sonhar, independentemente da situação que esteja vivendo.

Não é preciso negar os fatos. Eles existem, mas, em meio ao sofrimento, faça poesia, pois isso ameniza a sua dor e o impulsiona para a concretização deles.

Sonhar é como abrir uma janela ao sol e deixar o ar entrar para renovar o ambiente, é trazer a brisa nova que nos refresca a alma e as emoções, é oxigenar a nossa mente. É viver!

Quando paramos de sonhar, é porque deixamos de viver.

Então, renove os seus sonhos. Sonhe os sonhos de Deus para você! Até porque os sonhos de Deus são bem maiores que os nossos. Chegue à altura de Deus!

Lembre-se: você não precisa estar bem para sonhar; sonhar é que fará você ficar bem!

Ame.

Simplesmente ame. Ame a vida, ame as pessoas, ame tudo o que você faz. Deixe a sua alma leve! Antes de tudo, ame a si mesmo como a única forma e possibilidade de renovação e de se reinventar em todas as suas necessidades.

Ame tudo que puder, da forma mais intensa que conseguir, independentemente de quem seja o alvo do seu amor. Ame com o amor de Cristo.

O apóstolo Paulo, o meu escritor favorito da Bíblia, disse à igreja de Éfeso:

> Peço a ele que, cheios do amor, vocês sejam capazes de participar, com os demais seguidores de Jesus, da dimensão insondável do amor de Cristo. Experimentem a largura! Testem seu comprimento! Subam às alturas! Vivam uma vida cheia da plenitude de Deus!
> (Efésios 3.16-19, *A Mensagem*).

Ame o próximo como a você mesmo. Você não faz nada errado quando ama o próximo. Adicione tudo ao código da lei, e a soma total sempre dará *amor* (Romanos 13.9,10, *A Mensagem*).

Reinventar a alma é você ser você em um novo eu; é decidir mudar os seus sentimentos, os seus desejos, a sua mente, as suas emoções por meio de novas atitudes, maiores que a sua forma pequena de pensar. É pensar grande; é ter a mente de Cristo.

É simplesmente amar! Amar a Deus sobre todas as coisas e ao próximo como a você mesmo.

> [...] que o amor de vocês floresça e que transborde; que aprendam a amar como se deve. Vocês precisam usar a cabeça e testar seus sentimentos, para que haja amor sincero e consciente, não sentimentalismo barato. Vivam como alguém que ama, uma existência discreta e exemplar, uma vida da qual Jesus se orgulharia: produtiva em frutos da alma, tornando Cristo atraente para todos e fazendo que todos sintam vontade de louvar a Deus. (Filipenses 1.9-11, *A Mensagem*)

Enfim, este texto resume aquilo em que acredito:

> Amem de verdade, não de maneira fingida. Evitem o mal ao máximo; apeguem-se ao bem como puderem. Sejam bons amigos, que amam profundamente; não procurem estar em evidência. Não se deixem esgotar: mantenham-se animados e dispostos. Sejam servos vigilantes do Senhor, com uma expectativa alegre. Não desistam em tempos difíceis, mas orem com fervor. Ajudem os cristãos necessitados e pratiquem

a hospitalidade. Abençoem os inimigos: não haja maldição em suas palavras. Riam quando seus amigos estiverem alegres; chorem com eles quando estiverem tristes. Ajudem-se uns aos outros. Não sejam arrogantes. Façam amigos entre as pessoas mais simples; não se julguem importantes. Não revidem. Descubram a beleza que há em todos. Se você a descobriu em você, faça o mesmo com todos. Não insistam na vingança; ela não pertence a vocês. "Eu vou julgar. Eu vou cuidar disso", diz Deus. [...] Não permita que o mal vença em sua vida, mas vença o mal com a prática do bem (Romanos 12.9-19,21, *A Mensagem*).

Isso é tudo!

REINVENTE O SEU CORPO

Agora, é preciso pensar em formas de reinventar-se quanto ao corpo.

Uma coisa que me tem chamado a atenção sobre a vida são as marcas da idade. Quando somos mais jovens, pensamos que as marcas do corpo não chegarão. A nossa mente não consegue captar que as situações podem mudar, mas elas de fato mudam! O dia chega, queiramos ou não.

Eu nunca tive problemas de autoestima. Beleza para mim é uma questão muito mais interna que externa. É reflexo do que pensamos, de como vemos a nós mesmos e do que sentimos. Dizem que a beleza está nos olhos de quem vê, mas eu acredito em algo mais que isso; creio que a beleza está nos olhos do que veem em mim, ou seja, a forma em que os outros me veem como resultado do que eu lhes permito enxergar. Pessoalmente, prefiro refletir externamente a minha beleza interior. Por isso, beleza para mim depende mais de quem eu sou do que das características genéticas refletidas no meu físico.

Lembro-me bem dos dias quando tinha cerca de 20 anos. Tanto vigor, pele viçosa, cabelo sedoso. Corpo sem nada fora do lugar. Juventude, plenitude etc.

Só que viver significa acréscimo de números: mais tempo, mais anos. Graças a Deus por isso! Com eles vêm a maturidade, coisa escassa na juventude.

Esses números não só acrescentam experiência, como também cabelos brancos, celulites, quilos a mais na balança, perda do brilho do cabelo, marquinhas no rosto (se bem que estas podem ser minimizadas com técnicas modernas de *Botox* e preenchimento).

Depois que terminei a residência médica em oftalmologia, passei quinze anos prescrevendo óculos para pessoas que tinham a visão diminuída para perto ao chegarem aos 40 anos de idade. Nunca parei para pensar que isso também aconteceria comigo. Até que a idade chegou na casa dos 40, e eu me dei conta dessa realidade.

O fato é que, com o passar dos anos, o corpo vai mudando. Hoje vejo as marcas da idade. Da mesma forma que as estações do ano mudam a aparência da natureza, também as estações da nossa vida vão mudando a aparência do nosso corpo. É fato! Ninguém pode fugir disso, por melhor genética que tenha.

Tenho uma receita para você. Não espere as marcas da idade chegarem para que você faça alguma coisa boa para o seu corpo. Aproveite a facilidade de um corpo jovem para ter uma melhor faceta. Muito menos permita que qualquer dor roube a oportunidade de você se expressar por meio do seu corpo.

A Bíblia diz que "o coração alegre aformoseia o rosto" (Provérbios 15.13, *Almeida Revista e Atualizada*). Verdade absoluta! Todas as atitudes relacionadas ao corpo são importantes porque dão um *feedback* positivo à alma, aos sentimentos. Quando eu cuido do meu corpo, ou da minha aparência física, ou da minha saúde, estou enviando informações para a minha mente de que as coisas ficarão bem. Se estou bem emocionalmente, as minhas expressões corporais refletirão isso.

Não é questão de mostrar algo apenas no exterior (até porque nada muda de fora para dentro), mas se trata da atitude, da decisão de ser diferente, de não ser a mesma pessoa.

Em vez de lamentar a dor, de viver fisicamente a dor da alma, depois de chorar por ela, levante-se e faça algo diferente!

Faça um *check-up*.

Cuidar da saúde é algo tão falado hoje em dia, mas muito esquecido também. Para reinventar o seu corpo, é preciso saber o que está acontecendo com ele, ou o que irá acontecer se eu levar a vida de qualquer forma. Eis um bom motivo para você pensar na sua saúde física.

Como médica, aconselho que sejam realizados os exames de rotina, de acordo com a faixa etária, sexo, grupo de risco por herança genética etc. Não banalize a necessidade de acompanhamento médico apenas por ser saudável ou por ser jovem. A vida passa tão rápido que nem percebemos. O segredo é cuidar do envelhecimento quando você ainda é jovem.

Os médicos são bons nisso. Procure a ajuda de um profissional.

Exercite-se.

Troque a ladainha do "Estou gordo" por uma atividade física. Faça uma caminhada — é de graça; o único preço é a mudança de hábito.

Caminhe, caminhe. Inaugure uma rota nova. Ande ao ar livre, sinta o ar, respire fundo, inspire o amor de Deus, sinta a brisa leve anunciando coisas novas, veja as cores da natureza e alegre-se com isso.

Comece a correr. Corra, corra. Dê velocidade à sua vida. Corra para bem longe da mesmice, corra para longe da dor. Ande de bicicleta. Pedale, pedale. Não pare a vida. Continue!

O exercício físico ajuda a controlar o peso, diminui o risco de doenças cardíacas, melhora o humor, diminui a ansiedade, melhora a imunidade, melhora o desempenho cerebral, melhora a autoestima, entre outros benefícios. O que você está esperando?

Beba água.

A água é indispensável para o bem do corpo. Traz benefícios para o bom funcionamento celular, regula a temperatura corporal, melhora o funcionamento dos rins, facilita a digestão, diminui o inchaço, hidrata a pele, ajuda a emagrecer...

Quer ficar saudável, reinventar a vida melhorando o seu corpo? Então, beba pelo menos 2 litros de água por dia. Faz bem!

Coma bem.

Mude a sua alimentação. Coma comida saudável: frutas, verduras, grãos, mais proteínas, menos carboidratos, menos sal e açúcar etc. Mas também, uma vez ou outra, coma a sua comida preferida, com prazer, ou aquilo de que você gosta; isso faz bem à saúde. Deguste a sua refeição predileta. Faz bem para o corpo e para a alma. Celebre o fato de ter o que comer; esse prazer ainda é melhor do que o fato de comer propriamente dito.

Descanse o corpo.

Durma oito horas por noite, receba novas forças para enfrentar a próxima jornada. Às vezes, é bom não fazer nada, ficar à toa, descansar o corpo e a mente.

Mude a sua aparência física.
No caso das mulheres, mude o cabelo; faça um corte novo, ou uma escova, ou um *babyliss*. Produza-se com uma maquiagem bonita e realce o que você tem de melhor. Coloque cílios postiços, dando um *up* ao seu olhar. Pinte as unhas com uma cor nova e viva, dando um colorido novo ao seu dia. Fique linda para você mesma. Coloque um salto, arrase no *look* e beije o ombro. Hidrate a pele, deixando-a saudável, para que a sua mente compreenda a nova textura que a sua vida precisa ter.

Fique bem com você mesma! Esse é o meu padrão de beleza.

Ou se reinvente dentro do seu padrão de beleza, caso seja outro. Não obrigatoriamente o padrão imposto pela sociedade, mas faça algo. Estimule e provoque a sua mudança com base nos seus conceitos de beleza.

Escolha as cores das suas roupas que deixem a sua aparência alegre. Deixe que as suas roupas resplandeçam um brilho de novidade de vida. Que a sua forma de vestir transmita uma explosão interna de que a vida é boa e bela e que vale a pena viver.

Não é preciso muito dinheiro para isso. Crie caminhos de embelezamento, caminhos de mudança; recrie-se com o que você tem. Customize as suas roupas, mas, além disso, customize uma nova forma de pensar, uma nova forma de ser, uma nova forma de refletir no exterior o que você é interiormente.

No caso dos homens, corte o cabelo, faça a barba, compre uma blusa nova, um perfume novo, clareie os dentes, troque de óculos; mude a sua aparência. Faça algo que está a seu alcance.

Supere-se.
Supere a si mesmo. Vença primeiro a sua forma de viver e de pensar, mas mude também o corpo, como o anúncio de uma transformação que começa no interior. Seja você a transformação!

Dar um novo significado à vida corporal é aproveitar cada situação da vida para se reinventar e se tornar uma melhor versão corporal. É refletir por meio do corpo toda a mudança que você está disposto a fazer. É expressar que você não viverá de qualquer forma, nem vai se acostumar com qualquer tipo de situação que bater à sua porta. É reinventar o seu próprio corpo.

Dar um novo significado à vida e viver o propósito de Deus para nós é como um voo. Precisamos confiar no piloto. Para isso, também precisamos entrar no avião, apertar os cintos e decolar. Só assim, podemos voar alto e chegar ao nosso destino.

Eu faço minhas as palavras do sábio Salomão, quando escreveu:

> Diante disso:
> Aproveite a vida! Coma do bom e do melhor,
> Aprenda a apreciar um bom vinho.
> Sim, Deus tem prazer no seu prazer!
> Vista-se toda manhã como se fosse para uma festa.
> Não economize nas cores nem nos detalhes.
> Aprecie a vida com a pessoa que você ama
> Todos os dias dessa sua vida sem sentido.
> Cada dia é um presente de Deus.
>   É tudo o que se pode receber
> Pelo árduo trabalho de se manter vivo.
> Portanto, tire o máximo de cada dia!
> Agarre cada oportunidade com unhas e dentes
>   e faça o melhor que puder.
> E com prazer!
> É sua única chance,
> Pois, junto com os mortos, para onde você vai com certeza,
> Não há nada a fazer nem haverá o que pensar.
> (Eclesiastes 9.7-10, *A Mensagem*).

Na minha observação, muita coisa se resume assim... Começando em cada um de nós...

> A vida está difícil? As coisas estão fechadas?
> Abra o coração — ame.
> Abra as emoções — perdoe.
> Abra a sua mente — estude.
> Abra o sorriso — seja feliz.
> Abra o futuro — sepulte o passado.
> Abra o seu presente — afinal, o nome já diz o que é!

A vida é bonita demais para ficar embrulhada com os problemas. Desembrulhe-a. Simplesmente use as chaves que você tem. Viva!

Temos apenas uma chance de viver. Viver é dar um novo significado a cada circunstância, reinventando-se sempre.

Na dinâmica da nossa jornada chamada vida, reinventar-se é algo que deve acontecer todos os dias, porque estamos vivos.

Tudo pode acontecer, inclusive nada, pois sabemos que outras dores podem vir, mas podemos aprender com cada uma delas e nos tornar pessoas mais fortes, mais bonitas interiormente. A alegria fará parte, mas dependerá muito do que fizermos com cada momento da nossa história.

Impossibilidades? Elas continuarão a aparecer em algumas áreas da vida. O que fazer com elas? Olhar para as portas alternativas. Elas existem!

Haverá mortes de pessoas queridas. Um dia também morreremos; essa é uma certeza que temos na vida e precisaremos enfrentá-la. Mesmo sem compreensão, estar ao lado de Deus e decidir pela vida é a sabedoria de fazer a vida ter sentido, real sentido.

Existe vida além da morte, a vida eterna, e podemos escolher pela vida — Jesus.

E os pecados? Enquanto estivermos neste mundo, eles existirão, mas apenas como um acidente de percurso; não serão o nosso estilo de vida e jamais serão o nosso real prazer. Os espinhos retirados farão as flores brotar. Os jardins podem e devem florescer no nosso coração.

O passado sempre existirá; o presente de ontem virou o passado de hoje, que tem como futuro nosso amanhã, mas que logo será passado outra vez. É preciso apenas deixá-lo no lugar ao qual pertence — passado — para que não nos imobilize no presente e nos paralise no futuro. A vida caminha!

Outros vírus e pandemias também surgirão, mas podemos ser mais contagiantes que eles e contagiar com a esperança de dias melhores, com o amor em meio a essas situações, com a ajuda ao próximo, com o entendimento de que não temos o controle de tudo e com a valorização por coisas que realmente têm valor.

Ainda surgirão momentos nos quais os desafios nos mostrarão lentes embaçadas e visão distorcida, mas escolher as lentes certas, tentar outra vez e ver o que a Palavra de Deus diz nos farão enxergar como Deus vê cada momento da nossa história. Podemos ter visão de águia!

E as tempestades? Os dias de inverno? Também podem surgir; eles escurecem a nossa vida e causam medo, mas podemos entrar na arca e ser protegidos pelo Pai! Quando sairmos dos dilúvios, sempre haverá um arco-íris à nossa espera, cheio de cor e de alegria. Lembre-se de subir de nível!

Estamos em contínuo crescimento. Existem várias etapas e processos a ser ainda enfrentados. Resta-nos a reinvenção, o novo significado, a novidade de vida.

Fomos, pois, sepultados com ele na morte pelo batismo; para que, como Cristo foi ressuscitado dentre os mortos pela glória do Pai, assim também andemos nós em novidade de vida. (Romanos 6.4, *Almeida Revista e Atualizada*)

Comece! Continue! Depois, continue!
Será uma jornada e tanto!
É possível! Mais que isso, é preciso!

Esta obra foi composta em *Apple Garamond*
e impressa por Eskenazi sobre papel
Offset 70 g/m² para Editora Vida.